「ポリヴェーガル理論」
がやさしくわかる本

你的烦恼，身体有解

释放压力、缓解焦虑的
多重迷走神经理论

[日] 吉里恒昭 著

陈俊 译

机械工业出版社
CHINA MACHINE PRESS

本书以多重迷走神经理论为核心，阐述身心联动的奥秘，强调从身体着手能有效应对内心烦恼，调节身体反应，恢复心灵元气。书中用红色、蓝色、绿色三种拟人化角色解析不同神经在特定状况下的作用。易怒焦虑时，是"小红"过度工作致失衡；嗜睡寂寞时，是"小蓝"过于劳累致失衡；受心理问题困扰时，是"各种神经"反射的结果。这些负面情绪并非单纯的"心理"问题，实则反映出了身体已失衡，对外界刺激反应过度。身心紧密相连，身体能量调节好，大脑平衡恢复，心灵也会复原。本书不仅阐释理论，还提供诸多简单有效的方法，助力读者减压、缓解烦忧，改善人际关系与沟通质量，找回安稳、平衡、身心合一的自己，是调节身心新方式的入门佳作。

Original Japanese title: POLYVAGAL RIRON GA YASASHIKU WAKARU HON
Copyright © Tsuneaki Yoshizato 2024
Original Japanese edition published by Nippon Jitsugyo Publishing Co., Ltd.
Simplified Chinese translation rights arranged with Nippon Jitsugyo Publishing Co., Ltd .
through The English Agency (Japan) Ltd. and Shanghai To-Asia Culture Co., Ltd.

北京市版权局著作权合同登记　图字：01-2025-2528 号。

图书在版编目（CIP）数据

你的烦恼，身体有解：释放压力、缓解焦虑的多重
迷走神经理论 /（日）吉里恒昭著；陈俊译 . -- 北京：
机械工业出版社，2025. 9. -- ISBN 978-7-111-78955-0

Ⅰ. B842.6-49

中国国家版本馆 CIP 数据核字第 2025TP4646 号

机械工业出版社（北京市百万庄大街22号　邮政编码100037）
策划编辑：坚喜斌　　　　　　责任编辑：坚喜斌　陈　洁
责任校对：梁　园　张亚楠　　责任印制：单爱军
北京瑞禾彩色印刷有限公司印刷
2025年9月第1版第1次印刷
145mm×210mm · 8.25印张 · 1插页 · 148千字
标准书号：ISBN 978-7-111-78955-0
定价：69.00元

电话服务　　　　　　　　　　网络服务
客服电话：010-88361066　　机 工 官 网：www.cmpbook.com
　　　　　010-88379833　　机 工 官 博：weibo.com/cmp1952
　　　　　010-68326294　　金 书 网：www.golden-book.com
封底无防伪标均为盗版　　　　机工教育服务网：www.cmpedu.com

前　言

首先，感恩这本书能与读者们相遇。不知作为读者的您，是基于怎样的目的翻开本书，又对书里的内容怀着怎样的期待？您是否被"多重迷走神经理论"（Polyvagal Theory）这一术语所吸引？您是否也在为当下的烦恼寻找解决方法？又或者您对心理学和心理咨询本身就怀有浓厚的兴趣？

不管怎样，笔者的初衷，是期望在您感到烦恼时，本书能为您带来哪怕一丝一毫的帮助。所谓"帮助"，指的是为了达成某个目的或目标所产生的良好效果。比如，雨具在下雨时能派上用场、学具在学习时能起到帮助作用等。同样，本书如果能在您感到烦恼、困惑时起到良好的帮助作用，笔者将感到无限的欣慰与幸福。

本书要为读者朋友们介绍的，是基于自主神经理论的"多重迷走神经理论"，非常期待它能在您感到烦恼时给您带来排忧解困的作用。

接下来，我还想给读者朋友们简要介绍一下创作本书的历程。先跟大家认识一下，我叫吉里恒昭，在心理治疗内科担任心理咨询师已经 22 年了。我的主要工作是帮助患有心理疾病（如抑郁症、依赖综合征、焦虑症、创伤后应激障碍等）的人重返健康。

心理治疗内科容易被大众误解为"治疗内心疾病的医院""专治心病的地方"。这种误解虽然常见，但其背后往往有类似这样的隐喻性思维："我必须治好我的心病。""我必须改掉我的习惯和性格。""是我自己的努力不够所以心病难愈。"而这样的隐喻性思维往往容易给患者带来更大的压力，诸如此类案例在实际中屡见不鲜。

事实上，心理治疗并不是"直接治疗生病的内心"。那些有"心理问题"的人，绝不能被轻易贴上类似"奇怪的人"这种标签。心理治疗的重点，与其说是"修正内心或性格"，不如说更像是这样一个循序渐进的过程：从协助患者调节身体开始 → 帮助他们恢复身体的能量 → 进而带动大脑状态的调节 → 最终其心理状态会自然地得到改善。

而能够帮助我们把身体和内心重新连接起来，从而让精神状态逐渐恢复的主角，正是本书所要介绍的"多重迷走神经理论"。

我第一次接触"多重迷走神经理论"是在 2017 年。当时虽然觉得这个理论听起来有些复杂，但内心却有一种强烈的感觉：

"这似乎解开了长久以来萦绕在我心头的疑团。"随着不断地深入学习，我逐渐能够向患者们说明心理状态与身体之间的密切关系。而直到今天，这一理论依然在我的实际工作中发挥着巨大的作用。

2020 年，我又与做心理咨询和人际支援工作的伙伴们共同举办了一场研讨会，主题是"多重迷走神经理论的使用方法"。结果，在场的伙伴们都对这一理论的作用赞不绝口。有人表示，了解多重迷走神经理论，首先对自己的生活有很大帮助；还有人认为，该理论不仅对咨询工作大有裨益，还让自己的身心状态变得更加阳光。随着研讨会举办的次数越来越多，多重迷走神经理论的作用不仅在心理咨询从业者中得到认可，在教育界、企业培训等其他领域也逐渐被认同，对这一理论的赞美之词也不绝于耳。

但是，周围也有不少人提出，关于多重迷走神经理论的书籍大多数是面向专业人士的，对于普通人来说理解起来还是颇费力气的。所以，本书在兼具专业性的同时，采用更易于理解的叙述方式，旨在让哪怕是第一次听说这一理论的朋友们也能够读得懂、用得上。

多重迷走神经理论可谓是一个较新的理论，在日本对于它的研究也仅仅处在起步阶段。这是一个兼具深度和广度的理论，而本书旨在抛砖引玉，若您因本书对此理论产生了些许兴趣，希望您一定再进一步对其他同行的佳作进行阅读和学习。

本书所呈现的仅是多重迷走神经理论最为基础的内容。这些内容源于我与患者们、伙伴们在长期实践中共同积累的"小方法"，难免存在局限性，姑妄听之。

那么，下面就让我们一起开启多重迷走神经理论的学习之旅吧！

吉里恒昭

目　录

前　言

第一章　多重迷走神经理论的运作

第二章	进一步了解三种自主神经

第三章　**在 "多重语" 语境下生活**

第四章 如何提高绿色的占比

第五章　重新审视焦虑

第六章　**对身体再上心一点**

容易被焦虑折磨的人

人们都自寻烦恼吗？

生活中，我们各自都在烦恼、焦虑些什么呢？又或者，我们身边的那些重要的人又在为哪些事情感到不安呢？

人的烦恼大致可被归为三类：人际关系、健康和金钱（经济上的不安）。我们的烦恼，又属于这三类中的哪一类呢？

近年来，阿尔弗雷德·阿德勒（Alfred Adler）的心理学在日本逐渐流行起来。阿德勒博士曾说过："一切的烦恼，归根结底都可以溯源至人际关系。"在我们这个人类社会，几乎没有人可以摆脱人际关系，所以阿德勒说过的这句话可谓有一定的道理。在解决人际关系中的矛盾时，通过学习并践行阿德勒心理学和交流分析理论等心理学方法，的确有时能起到积极作用。

实际上，作为一名临床心理师，我一直在学习并实践心理学的知识和方法论。这些知识在支持患者的过程中确实也发挥了极大的作用，同时也促使我自己不断地成长。然而，在心理治疗科的现实工作中，我也深切地体会到仅仅靠心理学是不能解决一切问题的。

　　例如，健康方面的烦恼和焦虑，自古至今从未消失过。特别是在一些大范围的传染病过后，人们对健康方面的关注程度变得越来越高。例如，吃什么对健康有益、什么药能治病、哪种养生方式可以延缓衰老……这类话题不仅在商业领域，在学术研究中同样成为备受关注的主题。

　　而关于金钱的烦恼，似乎同样是一个永恒的话题。在日本，随着投资文化逐渐兴起，关于所谓"金钱教育""财商教育"的相关活动也慢慢多了起来。此外，随着人们工作方式的变革，赚钱的方式和途径也日益多样化。虽然这些社会变革给人们带来了不少新的赚钱的可能性，但也同时给我们增添了各式各样的烦恼和焦虑。而这些烦恼的根源，或许还是来自人们对金钱本身的不安感。

面对焦虑时的两种回应模式

　　请设想一下，你正在听某人倾诉烦恼。

　　对方说："我一直在为和丈夫的关系而感到焦虑……为什么我每天都在为这些事烦恼不已呢？"或者又有人说："我每天早上坚持快走 30 分钟，也在努力控制碳水的摄入，可为什么就是瘦不下来呢？"还有人会抱怨："我总是忍不住网购，结果这几个月别说攒钱了，连之前的存款都快花光了。为什么我的意志力这么薄弱？"

而当你听到这样的烦恼时，你会如何回应对方呢？大致上，或许会有如下两种常见的回应模式：第一种是试图去"分析问题的产生原因"；第二种是"立刻提出正确的解决方案"。然而，这两种回应模式其实各自都存在"陷阱"。接下来，我们就来仔细看看这两种回应方式分别都有哪些需要特别注意的地方。

"分析问题的产生原因"模式的陷阱

在这里特别想提醒大家注意的是，当我们正在焦虑时，或者在听别人倾诉烦恼时，我们往往很容易陷入一种思维模式："为什么会变成这样呢？"于是，我们会不自觉地去寻找原因，想弄清楚"到底是谁出了问题，以及出了什么问题"。

当然，并不是说分析问题的原因这一行为完全不好，问题在于，它常常会演变成"寻找谁是罪魁祸首"的思维困境。换句话说，我们的思维焦点会从"为什么会这样"转移到"到底是谁的错"上。尤其是当结论变成"这都是你自己的错"时，遭受这样指责的人很可能会产生强烈的抗拒感，甚至失去克服烦恼和焦虑的动力。

"造成这样问题的原因是某人。""为了解决烦恼，必须纠正这个问题的制造者。"类似这样的想法反而是扩大矛盾、让焦虑更难消除的最大因素。例如，"职场人际关系这么糟，是因为那个人太难相处。""身体变差，是因为你性格有问题，不够坚强才会这样。""总是为了钱发愁，那是因为你自己能力不够。""夫妻关系不好，是因为丈夫的问题。""我的烦恼解决不了，是因为父母和老师都不做出改变。"

其实以上这些想法都有其共同点，那就是把某个人当成了"麻烦的制造者"或"恶人"。我并不想去评判这些想法本身是对还是错，而是希望我们可以换一个角度去想想，这样的想法对于当事人来说真的有帮助吗？

事实上在很多时候，当我们试图消除自己或他人的烦恼时，反而会不自觉地卷入这种"找原因／找恶人"的漩涡里无法自拔。关于如何走出这种漩涡，我有以下两点建议：

第一，要留意自己是否已经落入了"把人当成问题"的思维中。例如，我们陷入了"为什么我性格这么不好""问题出在我身上，所以才会变成这样"等想法中。为了避免陷入这种思维模式，我建议把烦恼和焦虑视作身体的一种状态，本书后面也会详细说明这一点。

第二，不妨把问题的提出方式，从"为什么我会有这样的问题"转变为"我真正想要的是什么""我希望自己成为怎样的人"。换言之，我们不要只纠结过去，而要更好地面向未来。

"立刻提出正确的解决方案"模式的陷阱

在讨论烦恼和焦虑时，我们容易陷入的第二种模式是"立刻提出正确的解决方案"。在这里请留意，当我们烦恼或焦虑时，或者在倾听别人的烦恼时，我们很容易下意识地说出"你可以这样做啊""为什么你不试试那样的方法"这类说教式的话语。这类语言常被我们视作"正确（或普遍认可）的解决方案"。

这里我还要强调，并不是说我们不可以提出解决方案，而是当我们说出诸如"你就这样做就好了""一般人都是这么做的"的话语时，这些看似正确的解决方案可能会在无意中将对方视为"无知""无能"的人。换言之，这类语言背后的隐喻可能会让对方误认为"我之所以烦恼，是因为我不知道解决方法""我试过你说的那种方法了，但没用，是我自己有问题吧"，从而陷入严重的自我怀疑。这种思维模式不仅不能缓解焦虑，反而可能会让焦虑变得更加复杂。

总之，无论是第一种回应模式还是第二种回应模式，都容易引导我们得出一个自我否定、自我谴责的危险结论：一切皆是烦恼者自身的问题。

那么从现在开始，请你认真思考一个问题："正确的解决方案"真的存在吗？世上真的有一种"只要这么做，烦恼就能消除"的万能之法吗？

实用指南类书籍的
优势和劣势

之前，我们曾提到过给我们带来烦恼和焦虑的三大因素是人际关系、健康和金钱。你是否也曾看到过类似这样的书名："迅速解决人际关系的 7 个方法""只要这样吃就能变健康""销量一定会上升的 5 个步骤"。市面上，这样的方法书或实用指南可谓数不胜数。

不可否认，世上也存在某些"只要照做，就能成功"的操作手册。像烹饪食谱、围裙的制作流程、电脑的基本操作等这类易于标准化的事物，写成方法书、实用指南或操作手册后，确实能更高效地助力很多初学者。

但当我们回头看人际关系、健康和金钱这三大命题时，我们会发现它们有着非机械性、非流程化的特点，并且是在不断变化的具有生命般流动性的话题。它们的复杂程度和千丝万缕的内部关联，使得我们就算按照"说明书"做也未必能收获理想的效果。

遗憾的是即便如此，在陷入烦恼和焦虑的时候，很多人依然倾向于用方法书和实用指南里的技巧去解决问题。这些方法或许有时候能奏效，但多数情况下是完全行不通的。

实用指南类书籍为何不起作用？

当我们为了摆脱"三大烦恼主题"（人际关系、健康、金钱）而尝试了无数实用指南书里的"策略"后却依然毫无成效，这时我们往往会产生这样的想法："书上说大家都用这种方法成功了，可为什么就我不行？一定是我自己哪里出了问题。"在来向我咨询的访客和患者中，有类似这样自责想法的人并不少见。

大多实用指南通常内容清晰、逻辑完整，如果恰好作者又是权威人士，那这本书介绍的方法就很容易被读者当作标准答案，甚至是唯一正确的方法。于是，当我们按照书上所说的做了但依然失败时，我们就会下意识地认为一定是自己太笨、太差才做得不够好。从这一角度来看，实用指南类书籍还容易有个潜在的副作用，即照做并未带来成功时，读者极其容易把失败归因于自己（或他人），并因此陷入深深的自我责备（或对他人的埋怨）。

当我们归罪于人时丢失的真相

无论是面对哪种烦恼，人们（包括当事人自己）都很容易陷入一种思维模式："一定是那个人的问题，事情才被搞砸了！"

这样的想法本身并无伤大雅，但本书更想要提出的是一个对我们的烦恼和焦虑更有功效的视角。我们不妨反思一下，归罪于人的思维模式对正在焦虑的我们来说真的有帮助吗？有没有可能这种思维模式反而让我们更加焦虑，而问题却得不到任何解决呢？

而如果我们能够保持一种不把责任归咎于人的思维和沟通方式，问题或许可以得到更好的解决，我们的烦恼和焦虑也会随之烟消云散。

◆ 案例一：因孩子成绩而焦虑的父亲

有这样一位父亲，他因为孩子成绩下滑而感到非常焦虑。某天，他偶然看到一位明星教师的视频，里面说道："只要用 A 式教学法指导孩子，成绩就会提升！"这位父亲半信半疑地学起了视频里讲到的学习方法，并在家中反复尝试指导自己的孩子。但每次接受指导后，孩子表示反而更加迷惑了。

这位父亲因此陷入了深深的困惑，为什么照着方法 A 教，孩子还是听不懂？他甚至开始怀疑自己的孩子不够聪明，或者自己没有指导孩子的天赋。

之后，孩子的学习越来越跟不上，并且开始出现沮丧情绪；父亲也更加焦虑，但还是坚持用视频中的方法去教孩子，结果越教越失败，孩子越来越抗拒，父亲也越来越失去耐心。

这类场景在我们的生活中是不是也很常见？

◆ 案例二：照顾失智母亲的女儿

还有一位这样的女儿，她每天都照顾患有阿尔茨海默病的母亲。她深知母亲的记忆问题是因为疾病，但当目睹母亲的生活自理能力和健康每况愈下时，她依然陷入了极度的心痛和沮丧。

为了延缓母亲的病情，她从医护人员那里学到了"B式饮食法"和"C式体操"，并多次鼓励母亲配合练习。但母亲对此并不配合，女儿因此感到更加的失望，情绪一直处于低落状态。

就在这时，她听到别人说起"阿尔茨海默病是无法逆转的疾病"，这个念头便反复在她脑中徘徊，挥之不去。"就算坚持这些方法，也不一定有效果""母亲自己都不配合，我是不是该放弃了"这类念头不断地动摇着她的意志。渐渐地，她开始把一切康复活动上遇到的不如意，都归咎于自己（或母亲）的性格和负面情绪，并陷入了深深的自责与绝望。

这类情境也同样出现在很多家庭中。

换个视角审视焦虑

让我们再来简要地回顾和总结上文中的两个案例。

在第一个案例中，那位父亲用 A 式教学法教孩子却效果不佳时，他可能会认为："一定是我教得不好，或者孩子理解力不够，这是问题的根源。"

在第二个案例中，女儿照顾失智母亲的过程中也会倾向于认为："问题出在我或母亲的性格上，所以情况才会变成现在这样。"

但真相确实如此吗？

我们不妨先试着将问题与烦恼拆分成两个部分来看：一部分是事件本身（即事实），另一部分是我们对事件的体验（即情绪与感受）。

◆ 换个角度去理解案例一中的父亲

在案例一中，"孩子成绩下降，学习跟不上"是所谓的"事件本身"（事实）；而父亲因为想要帮孩子解决问题，去尝试了 A 式教学法，却陷入了更深层次的焦虑，并否定孩子的一连串反应，属于"体验"。

若换个角度来看，问题或许并不在于"成绩下降"这一事件本身，而是在于当下父亲的"身体状态"。当下父亲的身体状态让他把事件本身当成了一个必须、立刻解决的大问题来看待。也就是说，父亲之所以觉得问题严重，可能并不是因为事件本身多么严重，而是因为他当下的身体和情绪状态让事件本身显得非常严重，从而引发了他的焦虑和不安。

这种审视问题的视角就是本书想邀请你去尝试改变的思维方式。

◆ 换个角度去理解案例二中的女儿

让我们也试着重新审视第二个案例。在这个案例中，母亲逐渐无法一个人吃饭、洗澡属于"事件本身"（事实）。而面对这一情况，女儿产生的体验是：这是一个非常严重的问题，病情只会不断恶化，所以无论怎么努力尝试都可能是徒劳的。

让我们再来换个角度看看。问题也许并不在于"母亲无法自理"这一事件本身，而是因为当下女儿的身体状态让她把这一事实当成了一个令人绝望的问题。也就是说，让她感觉"这很严重、无能为力"的，或许不是客观的事实，而是她当时的身心状况"误导"了她对事件的感知。

实际上，女儿开始时的心情可能是积极的，但由于各种因素交织在一起，比如身体疲劳、心理负担、长期照护的压力等，使当下的女儿将母亲的状况视作一种无法挽救的困境。

本书希望你可以建立起这样的思维模式：有时，引发一系列问题的或许并不是事件本身，而在于当下我们自身的身体状态，如图 0-1 所示。

相同的事件，但因为身体状态的不同而不同

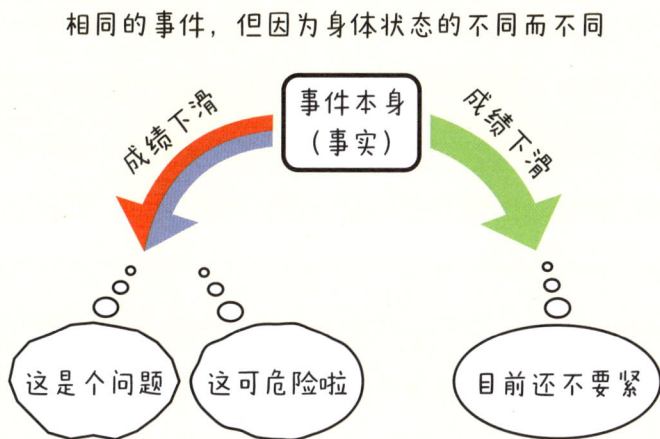

图 0-1　身体状态的差异

何谓"身体状态"？

那么，促使案例一中的父亲和案例二中的女儿产生负面情绪的"身体状态"，到底是什么呢？

本书指出，当身体状态陷入不平衡时，原本的事件本身就会被视为问题。说夸张一点，原本只是某个单纯的客观事实，但在我们的身体处于不平衡的状态下，它就会被视为危险的问题。反过来说，如果身体处在平衡的状态下，我们所面对的事件本身也更容易被认为是安全的、可以克服的。

同时，这里所说的"身体状态"并不仅仅是指肌肉酸不酸、有没有发烧这种表面的身体感觉。它涵盖了许多维度，比如大脑的兴奋程度、感官的敏感性、激素的变化、消化系统的运作情况、血糖或营养状况，甚至是整体的能量水平等。而本书将从中挑选一个尤为关键的维度来进行深入探讨，那就是自主神经系统的平衡状态。

当然，并不是说所有烦恼都能用"自主神经"来解释，我希望借助这一理论视角帮助读者更平和、全面地理解自己的状态和感受。

我们可以把这一原理想象成在开车。同样是行驶在一条道路上，如果我们坐在一辆悬挂系统紊乱、车身晃动不停的车里，就会觉得路况糟糕，一路提心吊胆。相反，如果我们坐在一辆平稳、舒适的车里，眼前的光景就会显得安全而美丽。我们脚下的道路没有变，变的是我们的"承载状态"。我们之所以会觉得"事情有问题"，很多时候是因为身体内部已经处于一种"把一切都看成问题"的模式下了。

因此，本书倡导所有人都能去尝试建立这样的思维模式：将"事件本身"与"体验"区分开来；将"我是谁"与"我当下的身体状态"区分开来。

如果我们能做到这一点，就不会再急着为烦恼和焦虑找"人"的原因（无论是责怪别人还是苛责自己），而是可以冷静下来，反思自己是不是处在一种特别容易焦虑、容易放大问题的身体状态中。

在心理学上，有时我们会提到"内心冲突"。本书将这种内心的纠结与矛盾视为"自主神经的失衡状态"。

焦虑其实是一种纠结的状态

根据词典的解释，"内心冲突"是指"彼此互不相让地对立、争执"或"内心中存在着相互矛盾的动机、欲望、情感，不知道该如何取舍"。通俗点说，"内心冲突"就是一种内心拉扯、左右为难的状态，也就是我们日常所说的"纠结"。

在纠结状态下，人们非常容易陷入非黑即白、非此即彼的两难境地。换句话说，纠结不仅仅是犹豫，更是一种潜在的对立的思维模式，它容易让人陷入持续的内耗与自我批判。

而在前文中我们提到过，一些人因为阅读了实用指南而陷入自我怀疑，认为问题出在了人的身上，其实也近似于陷入了极度纠结的状态。

纠结是坏事吗？

每个人都会有提不起兴趣、动力不足甚至什么也不想做的时候。有时我们还会感到自己的能力没有得以充分发挥，这都是一些非常自然的感受。有时我们还会处在一种纠结的状态，想做这件事又不想做，想努力试试又懒得努力，想要躺平又想努力一把。这种"既想做又不想做"的内心拉扯，就是所谓的"纠结"，其实是一种很普遍的体验。

但有趣的是，我在多年的临床工作中经常遇到一些来访者和患者，他们不是因为"纠结"而焦虑，而是因为坚信"不应该去纠结"让他们陷入了更大的痛苦之中。例如，有人会认为"下不了决心是不好的性格""模棱两可是软弱的表现""要么做、要么不做，必须下决心"。

通过我的观察，这类人之所以会有这种执念，是因为他们曾经在某个阶段因为优柔寡断、态度不坚定而被批评过。于是，他们会迫切想从"纠结状态"中脱身，尽快做出明确的选择。但往往结果却适得其反，他们反而会把自己逼到更加焦虑和痛苦的境地。"如果我不能成为一个杀伐决断的人，那我就无法改变当下。"这样的想法在他们的脑海中挥之不去。

有这样一个案例，曾有患者这样对我倾诉："我在视频网站上看到过，想要改善抑郁症状，清晨散步很有效。我尝试过，但总是坚持不下来。是不是我的意志力太弱了？我该怎么做才能让自己的意志力更强大呢？"

请仔细想想，这位患者来咨询的初衷是希望改善自己的抑郁状态。但不知不觉间，问题的核心被悄悄地转移到了"我必须成为一个意志力强大的人"。沿着这一逻辑走下去，他会认为自己的意志力不足导致他不能坚持早晨散步，不能坚持早上散步就无法改善抑郁，结果是他永远都好不了。这样一来，患者就看不到任何希望了。

但事实上，就算意志力不够强大，大部分疾病都是可以被治好的，哪怕是在中午散步，也有助于抑郁倾向的好转。再退一万步讲，就算是终身伴随着抑郁倾向，却也能很好地生活、获得幸福的人比比皆是。

所以，要杜绝"纠结"这样的想法实则会让我们更加痛苦。但是，纠结的心理状态真是个问题吗？我们一定要解决这种内心纠结吗？

纠结的本质是什么？

"我一边想改变，一边却又不想改变。""我不想改变，可又隐隐觉得应该改变。""我并不想做这件事，却总是控制不住去做。""我很想做这件事，却又总是停在原地。"这样的内心拉扯、纠结到底是如何产生的呢？

在临床心理学领域中，人们常常会借用"无意识"这个概念来解释这类状态。例如，我们会说"可能你是无意识地不想改变""也许你的无意识其实是想做这件事的"。这种表达方式在某种程度上可以帮助我们更好地理解自己，与此同时还可能会带来一种奇特的感受——"好像有一个不是我的我，在影响我的决定"。

这样一来，原本"我想改变却又不想改变"的想法表面上看起来矛盾重重，但当我们引入了"无意识"这个概念后，就变得似乎说得通了。"原来不是我有问题，而是我内心深处还有一部分在挣扎。"如果能这样想，说明我们开始理解自己的状态，压力和焦虑也会逐步得到缓解。

但也有不少人，一听到"无意识"这个词，反而会不安起来："无意识是什么？听起来好像我体内藏着另一个我。"对于有这种想法的人来说，"无意识"这个概念显得既模糊又遥远，他们有时还会联想到"内心深处的黑暗角落"，结果反而让问题变得更难以理解，更让人焦虑。

所以，让我再换个词来阐释纠结的状态。我们与其将其视为"无意识"的作用，不如视为本书之前提到过的"自主神经系统的生理反应"。从我的临床经验来看，许多人在听到这种解释后会觉得更放心，也更容易理解这种状态。

相比"内心"或者"无意识"这些听起来有点抽象的概念，我们都能真实地感受到累了、心跳快、呼吸急促等身体的状态。而自主神经系统就是我们身体的一部分，虽然我们平时感觉不到它的存在，但它却一直在默默地帮助我们的身体系统正常运行。最重要的是，它真实存在、客观具体，并且一直在调节我们的呼吸、心跳、消化等。

　　如果我们总是深陷"想做又做不到""明明想改变却总停滞不前"这样的纠结状态，或许可以试着把这种情绪理解成"身体内部有几种不同的反应同时在发生"。也就是说，这种被卡住的感觉不一定意味着我们的性格存在缺陷，而是因为我们身体中有无数不同的自主神经在各自运作、产生反应。

缓解焦虑，试着从身体上找寻"线索"

前文说过，我们可以把纠结的状态视为身体中不同的自主神经系统在同时发出不同的反应信号。接下来我们就要探讨，这种审视视角的转变对我们解决焦虑究竟有怎样的功效。

通常，人们习惯把烦恼和纠结归结为"心理的弱点"或"意志力薄弱"，于是想要通过改变性格来消除焦虑。但如果我们转换了视角，把纠结状态视为"身体的自然反应"，那解决焦虑的路径就可以从调节自己的身体状态开始，通过让身体状态恢复平衡，使负面情绪得到有效的缓解。相较于难以捉摸的"心理"，我们的身体变化能够肉眼可见，并且能被直接感知到，自然其改善效果也能及时被察觉。

总之，当我们焦虑到似乎被"困住"的地步时，不妨从身体出发，去寻找线索；理解身体、善待身体，也许可以成为让自己走出焦虑的第一步。

何谓从身体的角度审视焦虑？

让我们先来看看这样一个案例。

有位咨询者说："我一直觉得自己是一个很善于社交的人，但有些时候我却非常想一个人待着，甚至想远离家人和朋友，什么都不管……我是不是一直在强迫自己合群？是不是我根本就是个情商不高的人？"

这位咨询者陷入了一种典型的"纠结状态"。一方面他想与人亲近，一方面却又想逃离，听起来虽然很矛盾，但极为常见。这时，还可能会有人不假思索地告诉这位咨询者"你性格可能有点问题""你的心理状态不稳定"或"你潜意识里其实并不喜欢社交"。

以上的这些解读究竟是对是错，并不是本书想要探讨的重点，本书想提出一个新的解读思路：产生这样的纠结也许是因为我们的身体里有时启动的是"想亲近人"的神经反应，有时候启动的却是"想保持距离"的神经反应。换句话说，这不是你性格上的矛盾，而是身体在根据环境变化做出的自然反应。我还会用一个比喻来说明这一点：有时候是"绿色的神经"在工作，有时候是"蓝色的神经"在起作用——关于这些颜色对应的神经系统，我们将在后文详细解释。

为了保障生命的安全和稳定，我们的身体会根据不同的环境做出积极的变化，它不是静止的，而是在不断流动、调节中运行。而与之相反的是，性格和人格往往被理解为一种相对静止不变的气质。如果我们以静止的眼光去审视问题，那很容易把纠结视为严重的矛盾冲突，非此即彼。然而，如果我们能够把所谓的性格理解为"身体根据环境产生的各种自然反应"，那纠结状态其实并不是矛盾，而是再自然不过的现象。

身体，和自然界本身一样，是变化着的、运动着的。就像大自然的天气一样，有时晴空万里，有时阴云密布，甚至有时还会有看似不可思议的"太阳雨"。就像天气的变化一样，我们想与人交流、想热闹的心情和你渴望独处、想安静下来的想法并不是非此即彼的，而是完全可以共存的。这不是"性格矛盾"，而是我们的身体正在诚实地回应不同的内部环境与外部环境。

本书想要帮助读者朋友们学会捕捉来自身体的"信号"，从这些信号中寻找消解烦恼和焦虑的线索。而要理解身体发出的这些信号，有一个非常有效的途径——先理解身体的自主神经系统。在接下来的章节中，我们就要一起来认识和理解自主神经系统，并尝试跟它成为"好朋友"。

本 章 小 结

- 很多时候，烦恼和焦虑之所以难以化解，是因为我们把问题归因于自己。这种观念和视角可能让烦恼和焦虑变得更加复杂。

- 实用指南类书籍提出的解决问题的步骤，有时被视为"标准答案"或"唯一正确的方式"。但当我们按这些方法去做却毫无收效时，很容易反过来责怪自己，进一步加重内心的负担。

- 并不是所有的烦恼和焦虑都来自"事件本身"。有时真正让我们觉得问题很严重的，是当下的"身体状态"。换句话说，是身体让我们把事件看成了问题。

- 所谓"性格"通常被认为是相对固定的、难以改变的。而身体的生理反应（如神经反应）则是时刻处在变化之中的。如果我们把人的各种表现更多地理解为"身体的反应"，会更宽容地看待自己，有利于缓解焦虑。

- 我们可以把焦虑看作是身体发出的"信号"。而想要更好地捕捉和理解这些信号，我们可以通过理解"自主神经系统"的运作规律寻找有价值的线索。

第一章

多重迷走
神经理论的运作

多重迷走神经理论的概要

　　在上一章中，我们讨论了三个重要的观点：不要把烦恼和焦虑的原因轻易归咎于自己的性格；不要被一些书中所谓的"正确策略"所迷惑；不要过度执着于改变自己的性格或内心。

　　那么，新的问题来了。如果不去改变性格或寻找策略和方法，我们又该怎样做才能真正走出焦虑？我的答案和建议是通过与问题保持适当的"距离感"，让我们的身体状态得到调节。

　　这样做的原因正是基于本章要介绍的全新的自主神经系统理论——"多重迷走神经理论"。我们将用这一理论来具体解释为什么调节身体状态会对情绪困扰和心理压力产生如此深远的影响。

● 多重迷走神经理论与先前诸多理论的不同

　　我们在日常生活中或许听说过两种自主神经，即交感神经和副交感神经。做个通俗的比喻，交感神经可以理解为"努力神经"，而副交感神经可以理解为"放松神经"。但本书将要介绍的"多重迷走神经理论"，在结构上与这个传统的二元划分的方法有所不同。

这套理论由斯蒂芬·波格斯博士（Stephen Porges）于1994年首次提出，并且在此后的几十年里得到了持续的完善和发展。它把副交感神经进一步细分成了两种不同的迷走神经系统。

多重迷走神经的英文是"Polyvagal"，这个词由两部分组成，"Poly"意为"多重的"，而"vagal"指的是"迷走神经"，因此综合翻译过来我们称之为"多重迷走神经"。

听到"迷走神经"这个词，你或许会略感陌生，但其实它在我们的身体里扮演的角色却非同一般。迷走神经约占副交感神经系统的80%，所以对初学者来说，可以暂时把"迷走神经"理解为"副交感神经"的主要组成部分。

总之，"多重迷走神经理论"将我们身体的自主神经系统划分为三个部分：交感神经、背侧迷走神经复合体和腹侧迷走神经复合体。

是不是觉得这些名称有点复杂和难记呢？事实上，我在向患者们解释这些内容时，很多人听完也觉得"头脑宕机"，一时难以理解。所以为了让大家更容易理解，我决定用红色、蓝色、绿色这三种颜色来表述这三种神经的活动状态。为了方便记忆，我还将赋予他们可爱的卡通形象，如图1-1所示。针对这种拟

图1-1　用三种颜色划分的自主神经系统

人化的表达方式，我也为之起名为"多重语"（Poly语）。

　　"多重语"这个说法，其实是在我举办线上心理咨询师培训的过程中，在与学员们的互动中逐渐形成的概念。同时，我也特别感谢我的心理咨询师朋友四叶佐和子老师，因为是她最早向我提出了将复杂神经系统理论尽量图像化、生活化的想法。她还设计了一套非常实用的教学工具包，从而帮助大家更轻松地理解"多重迷走神经理论"。在这里，我想再次向四叶佐和子老师表示感谢，也推荐读者朋友们借助她的图文工具进一步加深对这套理论的理解。

"多重语"的概要

　　接下来，让我们来一起了解本书的核心内容之一——"多重语"。这是一种将复杂的自主神经系统，用简单的颜色和形象表达出来的语言方式。请一边参照本书中的插图，一边尝试在脑海中构建出这样的三色形象：

红色的卡通形象代表"交感神经"，它是在身体"启动、行动、奋起"时发挥作用的神经系统。当我们面对危险，必须"战斗或逃跑"时，它就会立马启动。就像是身体的"油门"，它让我们的身体保持能动状态，随时准备"迎战"。

蓝色的卡通形象代表"背侧迷走神经复合体"，它是当我们"停下来、休息"时发挥作用的神经系统。当我们遭遇极大的威胁或无力感时，它会让身体"冻结"，就像是"紧急刹车"，保护我们不被压力压垮，让我们的身体进入相对的被动状态。

绿色的卡通形象代表"腹侧迷走神经复合体"，它是当我们"处于安全状态、感觉安心放松"时启动的神经系统。它帮助我们调节"油门"和"刹车"之间的平衡。虽然绿色和蓝色所代表的神经同属于副交感神经系统，但与蓝色神经不同的是，绿色神经是更加温和的"刹车"系统。如果说蓝色神经是"急刹车"，那么绿色神经就像是"轻点刹车，缓慢调速"。当绿色神经活跃时，我们会感到愉悦、放松，也更能够信任他人，并展开更加自然的交流。

上述三种自主神经平日里不受我们的主观意志所控制，而是相对独立自主地运行。例如，我们无法靠意志或命令控制自己的心跳，也很难命令我们的血压升高或降低，这些生理变化都是我们的身体对外界环境的自动反应，而非受我们的意识控制。

总之，红色、蓝色、绿色这三种神经系统的反应都是我们的身体对外界或内在"刺激"的自然回应（见图1-2），它们是一种生理反应，而不是性格问题或人格缺陷。

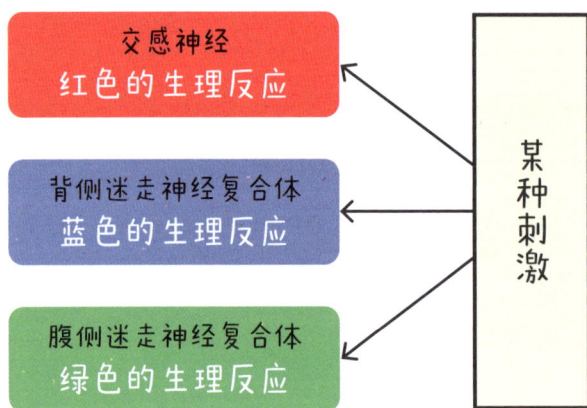

图1-2　三种神经系统对刺激的自然反应

认识"小红"——交感神经

让我们一边看着"小红"的画像（见图1-3），一边来了解当它被激活时，我们的身体会出现哪些典型的生理反应和感受。

图1-3 "小红"的画像

"红色神经"启动时人的反应

当"红色神经"被激活时，我们的身体会自动进入"战斗或逃跑"的模式，比如眼角上扬、眼神变得锐利、瞳孔放大。

这是为了尽可能多地获取周围的信息，以便应对即将到来的危险。在这样的状态下，我们的眼睛会不断移动，一方面是在寻找潜在的威胁或敌人，另一方面也在寻找可以逃脱的路径和办法。这种处于高度警戒下的大脑会把注意力集中在"危险源"上，而那些与生存无关的信息则自动被大脑屏蔽，视野变得狭窄，甚至出现短暂的注意力分散或恍惚。在这里我想特别强调，"视野狭窄"并不是心理问题，而是一种正常的生理反应。

同时，我们的口腔也会发生变化。我们会下意识地紧咬牙关，有时甚至会在舌头两侧留下牙印。此时，口腔变得干燥，唾液稀少而黏稠，下颌紧张起来，从而使我们难以张口说话。

我们的面部会发红，伴随着明显的燥热感或脸颊发烫。肩膀和手臂也处于紧绷状态，手部则可能握拳，或者频繁出现激烈的手势动作，如指指点点。

心跳这时也会加快，有时甚至感到心悸，脉搏跳动变得明显，有人会注意到血管浮现在皮肤表面，也就是常说的"青筋暴起"。呼吸会由深长转为急促，更多地通过嘴巴呼吸来加快氧气的吸入。此时，呼吸常常是吸气更用力，吐气则变得短促而不明显。

身体在处于"战斗状态"时，自然就不会像进食时那样了。这时胃肠的活动会被抑制，人会感到没有食欲，就算进食也是带有勉强性的。

同样，排泄功能也会被暂时搁置。由于注意力集中在生存反应上，我们可能会没有便意，或者即使有也容易忽视，或者由于拖延而错过排便的时机。因此，在交感神经长期活跃的状态下，身体往往更容易出现便秘的症状。

此外，为了随时做好"战斗或逃跑"的准备，手掌和脚底会出汗，以便增加摩擦力从而更好地抓握、奔跑。整个身体的肌肉也会进入紧绷状态，随时准备发力或快速奔跑。

在这种高度紧张的状态中，身体的能量消耗非常大。于是，它不仅依赖食物提供的营养，还会开始从肝脏、肌肉等部位调动过去储存的营养成分，加速其分解，并转化为身体可以立即使用的能量。换句话说，身体此时已经动用了"备用资源"来应对当前所感知到的危险。

以上这些反应都不是偶然的，它们是身体为了生存而自动做出的生理调节，让我们在遇到威胁时能迅速调动所有资源，打赢这场"保卫战"。

"红色生理反应"下的情绪变化

设想一下，如果我们正在经历前文描述的这些身体反应（如心跳加快、呼吸急促、肌肉紧绷、消化抑制等），我们会产生怎样的情绪和心理感受呢？

这时我们会强烈地感受到焦虑、恐惧、担忧、不安，想逃离、想逃避的心理让我们心绪不宁，甚至让我们处于惊慌失措的边缘。我们也可能会涌现出烦躁、愤怒、恼火、怨恨、憎恶等具有攻击性的情绪，让我们忍不住想要打架或者发泄。

在这样的情绪下，大脑也会随之浮现出许多程序化的想法，例如："怎么办才好？""哪里出错了？""太糟糕了！""我想逃离这里！""他怎么还不走？""不能搞砸，绝不能失败！""我一定得赶快做点什么！"

同时，这些思绪还常常让我们进入非此即彼的选择模式，"对或错""正常或异常""好或坏""该或不该""快或慢"。换句话说，如果我们发现自己经常出现这样的情绪和想法，那就很可能说明我们当下正处于"红色神经"（交感神经）活跃的状态。这些都是大脑在"战斗或逃跑"系统被激活时，自动浮现出来的生存反应式思维。它们都是为了让我们在危机中迅速做出应对决策，初衷是为了保护我们，只不过有时它们会过度活跃，让我们变得焦虑、急躁或情绪失控。

我们的日常用语中存在大量借助身体状态来描述愤怒或激动情绪的表达，如怒发冲冠、咬牙切齿、青筋暴起、七窍生烟等。这些词汇都体现了一个事实，即情绪反应其实和身体状态是密不可分的，"心与体同源，知行合一"。

　　人类和动物在面临威胁时，本能地会通过"动起来"来寻找安全感。通过运动，肌肉可以释放能量；通过行动，我们可以找到令我们安全的方法。只有动起来了，身体才能获得安全感，内心也才会逐渐安定下来。或许，这也能解释为什么适度的运动有益于身心健康。

认识"小蓝"——背侧迷走神经复合体

下面我们再来认识一下"小蓝"（见图 1-4），即背侧迷走神经复合体在活跃状态下所引发的身体反应。当然，这里还需要说明一点，我们在书中提到的诸多身体反应，并不是说在每个人身上都绝对会发生，而只是一些常见的倾向性表现。

图 1-4 "小蓝"的画像

人类和其他动物一样，若长时间处于"红色生理反应状态"（交感神经活跃）下，身体的能量最终将被很快耗尽。这时，为了避免身体进一步消耗能量，"蓝色神经"就会启动刹车机制，引发一系列身体机能的"关闭"或"防御"动作。还有一种情况是，当身体感知到所面临的危险已经大到无法通过"战斗或逃跑"来应对，也就是说当身体判断自己无法逃脱、无力反抗时，同样也会激活"蓝色神经"。

"蓝色神经"启动时人的反应

当我们通过"蓝色神经"给身体启动刹车机制，从而进入暂停状态时，我们会明显感到疲乏无力，身体变得沉重，动作也变得迟缓。与此同时，大脑也不太愿意接收来自外部的信息，或者说是暂时失去了充分接收外部信息的能量。

还有些人会不想接触到任何光线、声音及他人，甚至连吃饭的意愿都消失了。光线对于他来说变得格外刺眼，周围的声音也都变成了噪声，哪怕是别人正常聊天的说话声或日常的电视节目、音乐，对于他们来说都刺耳到难以忍受。

食物变得寡淡无味，哪怕是平常最喜欢的美食，也味同嚼蜡。此时包括我们的嗅觉、触觉在内的"五感"，整体上都会变得迟钝，我们对外界的刺激失去兴趣和积极的反应。

此时，我们的呼吸也会变得慢而浅，血压降低，心跳减慢，整个人的动作节奏明显放缓。在平时能够轻松完成的小事，此时对我们来说，也可能变得困难，做起来耗时耗力。

"蓝色生理反应" 下的情绪变化

请试着想象一下，当我们正处在上述身体状态时，我们的内心会涌现出怎样的情绪和感受呢？

也许我们会感到忧郁、悲伤、无助，甚至不知道下一步该怎么办。可能我们还会怀疑自己，觉得羞耻、自卑、内疚，涌起一种深深的无力感和麻木感，严重时，甚至会产生轻生等极端念头。但这些情绪的出现并不是我们的错，而是为了配合身体"踩刹车"而自动浮现出来的，换句话说，我们可以把它们理解为"让身体停下来所必需的情绪"。

某些时候，我们的脑海中是不是会闪现出这样的信息："反正我也做不到。""算了吧！""这件事不行了。""就这样吧。""不想见那个人。""我只想一个人待着。"这些想法可能听起来非常消极，但其本质是身体在通过大脑表达一种诉求，即"我需要暂时休息"，从而引导我们进入低能耗的充电模式。

这可能会让外人误解我们性格消极、爱钻牛角尖，但事实上这些想法并不是我们主动制造出来的，而是我们的身体在"蓝色神经"的主导下自然涌现出的"保护性思维模式"。因此，千万不要给自己贴上性格消极的标签。

当我们脑海中浮现出这些消极念头时，我们最好立马想到这是身体正处于"蓝色神经"主导的状态，正在向我们发射休整的信号。

我们的日常用语中存在许多借助身体部位来表达"蓝色情绪"的词语，如垂头丧气、面如灰土、步履蹒跚和目光无神等。

总之，当我们遭遇的情况使"红色神经"已经无法再继续支撑我们的紧绷状态时，身体就会自动切换到"蓝色模式"，即进入一种被动保护机制，慢慢等待危险过去。而一旦身体感受到危险已经过去，环境变得安全，就会逐渐退出"蓝色模式"，转而启动"绿色神经系统"——我们将在下一节要给大家介绍的"小绿"。

认识"小绿"——腹侧迷走神经复合体

让我们继续认识最后一位朋友"小绿"——腹侧迷走神经复合体。一看到"小绿"的画像（见图1-5），我们就可以感受到"面带微笑"的它气场平和，让周围的人甚至就连小动物都想要忍不住接近它。

图1-5 "小绿"的画像

包括人类在内的大多数哺乳动物，天生就是带有强烈的"群体性"特征。而"绿色神经"正是帮助我们建立"群体连接"的关键，它让我们感受到同伴的存在，并在这种关系中获得安全感与信任感。

当"绿色神经系统"启动时，我们的身体会进入一种"社交状态"，这让我们变得更愿意交流、更容易亲近他人，同时也更能给他人带来安全感。

在接下来的部分，就让我们一起看看，当绿色神经活跃时，身体会发生哪些反应和变化。

"绿色神经"启动时人的反应

"绿色神经"启动时，我们的脉搏与血压处于一种恰到好处的平衡状态，既不偏高，也不过低；呼吸的频率不急不缓，节奏自然；呼吸的深度也不深不浅，刚好维持着身体所需的舒适节律。

我们的肌肉既不过于紧绷，也不过度松弛，维持着自然而适度的张力；说话的语速和身体动作的节奏平稳适中、不急不缓；面部表情柔和安定，眼角微垂，嘴角上扬，流露出近似微笑的神情，让人感到亲切与安心。

我们的声音既不尖锐也不低沉，而是恰到好处地柔和。可以说，此刻的我们，正在自然地向周围的人传递一种令人舒适的非语言信号，这正是人际交往中最打动人心的自然的表达方式。

● "绿色生理反应"下的情绪变化

当我们正处在上文所述的"绿色状态"下时，我们的身体稳定、呼吸顺畅、神经放松，那么很可能会体验到一连串温柔、积极的情绪，如安心、安全、信任、平和、温暖、喜悦、感动、好奇、联结感与自豪感，甚至会有一种与同伴融为一体的归属感油然而生。

与此同时，我们的脑海中也会自然浮现出一些温和而有力量的念头，例如："一直以来真的很感谢你。""多亏有你，我才能走到今天。""能有这种缘分，真让人开心！""我真的很幸运。""做得真不错！""太感动了，真让人佩服。""我们一起来做点什么吧！""真为你感到高兴。""不必非选这个或那个，两者都很好。""顺其自然吧。""我相信你，交给你来处理。""我们之间的感觉真好。"

我们能产生这些想法和情绪的时候，可以说"绿色神经"正在发挥作用。我们的日常用语中也存在许多借助身体的某些部位来表达"绿色情绪"的词语，如笑脸盈盈、眉头舒展、敞开心扉、慈眉善目等。可见，我们的心与身是一个整体，密切联动。

以上就是"多重语"中对三种神经角色的全部介绍。在这套理论体系中，我们始终带着这样的信念：红色、蓝色、绿色这三种神经系统，以不同的节奏和比例，夜以继日、全年无休地运转着，共同守护着我们的生命与身心健康。

尝试用"多重语"描述自己的焦虑

正如我们在序章开头提到的，困扰人们的三大主题通常是人际关系、健康和金钱。那么，如果从"多重语"的角度来重新审视这些烦恼，又会怎样呢？

多数情况下，我们在烦恼的时候都会陷入一种焦虑不安的状态，还可能会不停地担心未来会怎样，不断地想找到一个正确的解决方案。

用"多重语"的"语言体系"来说，这时候我们的身体正处于"红色神经"活跃的状态。换句话说，我们需要换个角度去思考：陷入烦恼和焦虑，并不是"心理出了问题"，而是神经系统正处于过度兴奋的状态。

也有一些时候，烦恼和焦虑还会让我们陷入另一个极端，即感到沮丧、悲伤、羞耻，并且使我们提不起劲、不想与人交谈。在"多重语"的"语言体系"中，这其实是"蓝色神经"在起作用，我们的身体进入了一种低能量、防御性的保护模式。

总之，无论是焦躁的"红"，还是低落的"蓝"，它们都可能是在我们陷入烦恼时，身体所做出的自然反应。同时，当身体进入"红色神经状态"或"蓝色神经状态"时，我们的内心也会不由自主地随之变色。这不是因为我们太敏感或不够坚强，而是我们正在经历真实而自然的身心联动。

在序章中我们还提到了"内心冲突"，也就是纠结的心理状态，类似"想做又力不从心""不想做又焦躁不安"的内心状态。这些念头看似相互矛盾，但在"多重语"描述的神经系统里，这种状态其实是"红色神经"与"蓝色神经"同时启动的自然现象。

因此，我们在陷入焦虑后要分析的并不仅仅是我们所处的心理状态，更重要的是用三种神经系统去观察和理解我们的身体处于何种状态。

常让"小绿"陪伴你我左右

这里，我想要隆重介绍本书最想传达的核心理念，一句贯穿全书的关键句："接纳蓝色和红色，活用绿色的力量。"也就是说，当我们陷入烦恼和焦虑时，不要先急于去改变"红色神经状态"或"蓝色神经状态"，而是先调节身体后再去面对问题。

而作为调节身体的有效方法之一，我们可以从多重迷走神经理论中获得线索和启发。用"多重语"来表达的话，就是我们在化解焦虑前，最先要做的是把身体调节到"绿色神经状态"，然后把这种做法培养成习惯。而这也正是本书推崇的生活之道。

"调节内心"和"调节身体"

关于"如何调节身体"，我们会在本书的第四章中进行更加详细的说明。而在此之前，我们先来简单区分一下什么是"调节内心"，什么又是"调节身体"。

有些人会提出，与其说是"调节内心"，不如说是要改变我们的内心。所谓"改变内心"，一般指的是将原本负面的想法变为积极的想法，如努力忘记不愉快的事情、修正自己的认知偏差、思考事情的原因和本质、分析利弊、权衡得失等。这种做法其实在各种心理方面的实用指南类书籍里经常被提到。

而与之相反，所谓"调节身体"，则是把改变情绪和思维方式的事情先搁置起来，专注于去调节自己身体的状态。我们的身体由不同的部分组成，所以无论从哪个部分开始，都可以成为调节的第一步。例如，舒缓运动肌肉、滋润眼睛或喉咙、沐浴去除脏污、吃点东西、调节呼吸节奏、做足底按摩等，这些都是有效的方法。

至于为什么本书如此强调"调节内心"与"调节身体"同等重要，实则源于我在心理治疗科日复一日的临床工作经验。

每天走进我诊室的人，往往都带着相似的苦楚，不少人倾诉道："我真的很想改变自己的想法，但怎么努力都做不到。""我试着改变心情，却总是失败。"多数人认为是自己的内心（心理）出了问题，认为不改变内心就无法解决问题。而这种想法之所以会如此根深蒂固，我想背后一定存在着各种社会文化的影响，以及来自人际关系的无形压力。

正是因为在临床中见过太多患者深陷于必须改变内心的执念而遭受痛苦，我才由衷地建议，不妨换个方向，先从"调节身体"这条路径出发。

站在西方哲学的角度，主流观念常常是将"心"与"体"分开来看待，而东方哲学则认为"心"与"体"本身就是融为一体的。当然，我们并不会去否定西方的观点，只是建议当我们凭借这种方法无法走出困境时，不妨换一条新的路径。

在这套"身心同体"的东方思维模式中，扮演主角的正是我们一直提及的"自主神经"。我认为，当我们尝试去调节自主神经系统的平衡时，我们的内心和身体也会得到有效的调节。

那么，在接下来的章节中，我们将以"多重迷走神经理论"为线索，带大家一起更全面地了解这一全新"语言工具"——"多重语"，它将帮助我们更清晰地了解自己的身体，从而找到化解烦恼与焦虑的有效方法。

本 章 小 结

- 在多重迷走神经理论中，自主神经被划分为三种类型：红色的交感神经、蓝色的背侧迷走神经复合体、绿色的腹侧迷走神经复合体。

- "多重语"是一种让复杂的自主神经系统变得更易懂、更易用、更易分享的语言表达方式。

- 三种可以赋予三个色彩的神经，各自有着不同的功能：红色像"油门"，负责战斗或逃跑；蓝色像"刹车"，在极度压力下让身体停下来；绿色温和地调节红色与蓝色，像是更加"平稳的刹车"。

- 自主神经系统的运行并不受我们主观意志的控制，而是自动、自然发生的。我们的内心与身体始终是一体的、联动的，在自主神经系统的三种形式作用下产生不同的反应。

- 我们不应只关注心理或内心状态，而应该同步关注身体的信号与状态的调节。

第二章

进一步了解
三种自主神经

经过前两章的阅读，您是否对自主神经或"多重语"已经开始产生兴趣了呢？总结来说，在"多重语"的语境下，我们会把自主神经系统看作三种不同颜色的神经的交替反应；同时，自主神经会对来自外界或内部的刺激产生一系列相关的生理反应。例如，当花粉进入我们的鼻腔，为了将花粉排出体外，我们会出现打喷嚏、流鼻涕的生理反应；如果不小心吃了腐烂的食物，我们还会通过呕吐或腹泻来将这些对身体有害的物质排出去。这些现象也都与自主神经对刺激产生反射性的生理反应密切相关。

与之原理相同的是，我们遇到某种刺激会引发"红色神经"的反应，而遇到另一种刺激又会引发"蓝色神经"的反应，还有些刺激会引发"绿色神经"的反应。当然，这一理论也并非这么简单，但作为初学者，记住这个原理是继续往下学习的第一步。在生活中，当我们遇到问题时，我们起码能够基本判断自己究竟处于何种状态。

进一步理解"小红"

要真正理解"红色神经"的启动逻辑，不妨试着把"刺激与反应"当成一个组合来看待，并不断练习这样的思维方式。

一般情况下，当我们的身体（神经）感受到危险时，"红色神经"就会产生反应。巨大的声响、威吓的声音或表情、表现出攻击姿态的人或动物、某个意想不到的突发事件……受到这些刺激后，我们的身体会立刻感受到"危险来了"，于是激活"红色神经"（见图 2-1），准备好为了保护我们而"出手"——不让我们的身体受伤，不让我们的内心受伤，不让我们在意的人受伤，不让我们的努力被否定，不让我们坚持的信念遭受攻击，不让我们认同的文化被践踏，不让我们的尊严被剥夺……

换言之，当我们下意识地紧张、愤怒、抗拒、想反驳时，也许正是身体察觉到了"我在乎的事物，正处在危险之中"。于是，它会提醒我们是时候做出反应了，要提高警惕，甚至在必要时战斗或逃跑。

图 2-1　是什么"刺激"会让"红色神经"产生反应？

下面介绍了几种更好地理解"红色神经"的方法：

1）先学会觉察——此刻我们的身心反应是否处于"红色状态"（具体反应请参考第一章中的内容）？

2）然后思考——是什么"刺激"激活了我们的"红色神经"？我们的身体是不是想要远离这一刺激呢？

3）最后倾听——尝试识别"红色神经"给我们发出的信号，判断它究竟处在怎样的危险情况下，以及试图要保护什么。

当我们试着依照以上步骤去觉察与倾听，或许我们就能慢慢地看到并理解身体里那位"红色的守护者"，这也是与"红色神经"建立连接、学会共处的开始，是我们与自己和解、重建内在平衡的重要一步。

"红色反应"的案例

下面让我们通过几个例子来尝试把普通的语言转换为"多重语"。

有人说："我老爸生气时开始咂舌，这让我感觉很紧张，所以我就离开了房间。"若转换成"多重语"，我们会这样说："老爸的咂舌声刺激了我，让我的身体进入'红色状态'，于是我离开了房间。"

有人说："远处有两个人一边说话一边笑着看向我这边，他们是不是在嘲笑我？想到这里我有点坐立不安。"若转换成"多重语"，我们会这样说："远处有两个人在说笑，这个刺激让我的身体进入了'红色状态'。"

有人说："老师发来邮件说，因为成绩不好要我单独留下来补课，那晚我彻夜难眠。"若转换成"多重语"，我们会这样说："写着成绩不好的邮件刺激了我，使我的身体进入'红色状态'。"

面对类似上述的情况，我们首先要做的一件事就是暂时远离"爸爸、远处说笑的人、老师的邮件"这些刺激源，通过"暂时隔离"的方式，防止我们的身体陷入过度的"红色状态"。这正是所谓的"调节身体的第一步"。

很多人习惯告诉自己"这种小事我都受不了，我一定是太脆弱了""人家笑你又怎样，换个角度想一想就好了"。但是在"多重语"里，我们会换一种更温和的表达方式："不是我们太敏感，而是我们的身体接收到了刺激信号，自动做出了相应的生理反应。"我们不要去谈论"个性弱不弱"，而要更加关注"身体本能地做出了怎样的回应"。同时也去想一想自己想要守护的到底是什么。也许是自己的安全感，也许是想被好好对待的愿望，还有可能是想要被接纳、与人和睦相处的心情？

这些并不是我们"有意识"地要去想的，而是身体出于本能，正在想方设法地保护那些我们看重的事物。

这就是"多重语"的思维方式。

像"门卫"的"小红"

曾经有一位学习了"多重语"的患者对我说："'红色神经'就像是我的'门卫'。"这句话给我留下了深刻印象。"红色神经"是为了保护我们不受外界的伤害而产生反应的，把它形容成"门卫"的确很贴切。也有人会把它形容为"消防队""巡逻队""警察"或"紧急救援队"等。

无论是保护小猫崽的母猫、守护领地的狮子、保护孩子的父母和老师、抢救病患的医护人员、护着员工的上司还是受到欺凌时的反击、在疲惫不堪时被人批评而发火，这些都是"红色神经"在试图保护我们时的自然反应。总之，在"多重语"的世界里，"红色神经"被赋予为了保护我们而奋斗不懈的角色。

我们提到的"刺激"大多来自外部，如别人的语言、行为、表情等。我们也可以称其为"外部刺激"。但其实，自主神经也会对"内部刺激"做出反应。什么又是内部刺激？其实就是来自我们身体或情绪内部的状态变化，如饿到难受、疼到烦躁、想起往事而心绪不宁、回忆起喜事而激动不已。像这样，身体内部的变化也会触发三种颜色的神经反应。

引发红色神经反应的"刺激"不仅来自人际关系

有时，我们往往会认为引发"红色反应"的"刺激"大多来自复杂的人际关系。但其实，自主神经日夜守护着我们免受各种因素影响，如声音、光线、温差、气压等。造成环境污染的有害物质等，对我们的身体来说，也是种"刺激"。

还有一些食物，例如酒精、人工甜味剂、防腐剂等，对于一部分人来说也会被身体视为"异物"，从而引发"红色反应"（当然，这一系列的身体反应是很复杂的，在这里简单理解为神经系统反应）。所以，常喝带有咖啡因的功能性饮料的人要注意，咖啡因是一种引发身体"红色反应"的物质，每次饮用都等于我们主动开启红色神经系统。

所以，让"红色神经"启动的"刺激"不仅来自人际关系，也跟我们所处的客观环境有关，同时还有我们身体内部状态的变化也都是"刺激"的来源。

了解这些之后，感觉如何呢？如果我们能用"多重语"的视角看待"红色神经"，那它就不是我们的敌人，而是那个一直在为我们努力奋斗的守护者。让我们也对"小红"表示一点理解与感激，请试着在心里对它说："谢谢你啊，门卫先生、消防员、巡逻员、救援队……原来你一直都在默默守护着我。"

当我们能这样想时，我们就和自己的身体组成了一个并肩作战的团队，也就是我们所建议和倡导的——与自主神经和谐共处的生活方式。

面对红色刺激，切忌过度启动"红色反应"或"蓝色反应"

当我们的身体进入"红色状态"时，我们整个人的气场可能会变得令人讨厌。试想一个人满脸怒气、动作带有挑战性、语气很冲，我们对他一般不会有正面的印象。

正因为"红色状态"不受人喜欢，所以很多时候我们会尽量压制或者努力改变"红色状态"，甚至还有人会讨厌这样的自己，平时因为自己的急躁和紧张情绪前来做心理咨询的患者也不少见。

而且"红色状态"容易传染。遇到处于"红色状态"的人时，我们也容易进入"红色状态"，时间一长我们还会让自己陷入更加亢奋的"深红色状态"。这时，我们首先要做的是不要对自己的"红色状态"反应过度，而要试着让"小绿"去包容、接纳和安抚"小红"。

我们可以试着这样告诉自己："现在我的焦躁是因为我的身体出现了'红色反应'，虽然这让我有些讨厌自己，但这只是身体为了保护我而产生的反应而已。这不是坏事，甚至我还应该感谢它。"这也是在践行本书的核心观点之一——"接纳红色状态"（见图2-2）。渐渐地，我们就能够理解自己的"红色状态"，并且找到与它和谐共处的好办法。

图2-2　与"小红"友好相处

进一步理解"小蓝"

接下来，就像理解"红色神经"一样，我们从"刺激与反应"这组概念的角度出发去理解"蓝色神经系统"。

我们的身体之所以启动"蓝色状态"，是因为遇到了"红色神经"无法应对的"刺激"，也就是说当"红色神经"搞不定时，该"蓝色神经"出场了。一般会有两种情况会触发"蓝色神经系统"：一种是"红色神经"一直努力去应对刺激，但随着时间的推移已经到达了能量的极限；另一种情况是，"红色系统"还没来得及启动，我们就遭遇了压倒性的危险或恐惧（见图 2-3），如自然灾害、犯罪和暴力。此刻我们的身体会判断，当下必须借助"蓝色神经系统"的力量来应对"刺激"。

我们可以这样理解"红色神经"和"蓝色神经"的差异："红色神经"代表动起来，积极去保护；"蓝色神经"代表静下来"以柔克刚"。当身体判断我们再继续下去会有危险或危害时，它不会管我们有什么责任、有多重要的人在等着我们，而是会倾向于选择先保住我们自己。

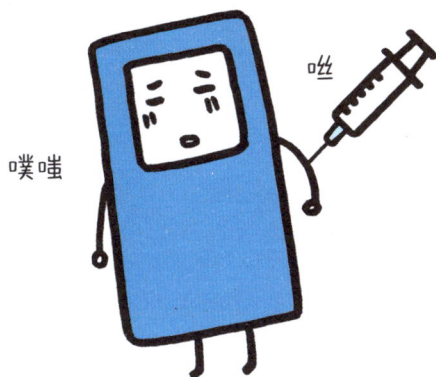

图 2-3　是什么"刺激"会让"蓝色神经"产生反应？

所以，有时当我们发觉自己什么都不想做、想逃避、感觉麻木时，不如试着听听"小蓝"在说什么，或许它会低声问："现在不适合继续了，停下来好吗？回头看看，那些你以为非做不可的事情，真的有那么重要吗？"学会倾听就是开始理解"蓝色神经"的第一步。

我把能够更好地理解"蓝色神经"的方法总结起来，具体如下：

1）觉察到当下的心理反应属于蓝色神经的反应状态（反应的详情请参见第一章）。

2）意识到身体判断出当下启用"红色系统"对"刺激"无效。

3）意识到身体正在传达"暂时停下来，先调节身体"的信号。

做到以上三点，说明我们已经可以更好地理解身体里的"蓝色神经系统"了，这也是未来与它更好地相处的前提。

● "蓝色反应"的案例

这里给大家展示在"多重语"的语境下如何表达"蓝色状态"。

有人说"我本来想坚持到一个时间节点再休息，结果还是不知不觉就睡着了"；另一个人说"打完针之后整个人觉得晕乎乎的，最后只能躺下休息了"。

把这两句话放在"多重语"的语境下，表达会发生转变："虽然我想让'红色状态'持续，但身体判断该休息了，所以启动了'蓝色神经系统'。"

有过这种经历的患者对我说："我本来想着要赶紧把事情处理完，结果突然提不起劲，后来才发现原来我已经很久没吃饭了。""今天工作怎么都不顺，我无法集中注意力，仔细一想，原来是最近都睡不好。"这类现象其实都是身体在面对"刺激"时，通过蓝色神经反应向我们释放信号，告诉我们必须休息了。

之前我也曾说过，"刺激"不仅来自外部环境，也来自我们内在的身体和情绪状态。例如，突然的一阵剧痛让我动弹不得、想起一件伤心的事，让情绪一下子低落，这些内在的刺激也会引发我们的身体产生反应，自动踩下"蓝色的刹车"。

像"医生"的"小蓝"

有位咨询者曾对我说："我的'蓝色神经'就像'医生'在提醒我不能再拼了，要立马停下来。"的确，"蓝色神经"的作用就是为了保护生命而暂时中止身体的某些活动，这确实就像医生在劝我们休息时的样子。当然，也有人把这种状态比喻成电脑的待机状态或打印机的"省电模式"。上述这些都是比较恰当的比喻。

大自然里的动物也会这样。兔子、豚鼠之类的小动物在遇到猛兽时会装死，或者四脚朝天地躺着不动，这也是"蓝色神经"在起作用。从另一个角度来说，这或许可以称为"动物延续生命的最终战略"。

当我们被怒斥到脑袋一片空白、动弹不得；当我们连续几天高负荷工作，早上怎么也起不来；当我们因为太忙碌而变得记性差；当我们累倒在人前没法保持微笑……这些反应其实都表明，我们的身体启动了蓝色的"节能模式"，其本质是为了保护我们的生命和健康。所以当我们迟钝或者卡壳时，并不是出了什么毛病，反而证明我们的"蓝色神经"的机能正常。

怎么样，现在理解"蓝色神经"的角色和重要性了吧？你是不是也开始对"蓝色神经"的存在感到欣慰和感激了呢？那就让我们试着对"蓝色神经"说："谢谢你，'小蓝'。谢谢你像医生一样时刻提醒我，及时为我切换节能模式。原来你是为了保护我的生命啊！"

当我们理解了"蓝色神经"的"良苦用心"时，我们跟身体的交流也会变得更加顺畅，最终成为亲密无间的队友。这就是所谓的与自主神经共存的生活方式。

面对蓝色刺激，切忌过度启动"红色反应"或"蓝色反应"

当然，不可否认的是"蓝色状态"往往会给人没有精神、缺乏兴致甚至是冷漠的印象，从而让我们不太喜欢这种状态下的人。所以当进入"蓝色状态"时，不少人都想要努力改变自己，甚至觉得这样的自己毫无价值。工作中，我们经常听到这样的抱怨："我讨厌懒洋洋的自己。""我就觉得自己很没用。""我这样不就是在偷懒吗？"

但是我仍然想提醒大家，一定不要过度否定身体的"蓝色状态"，要用绿色的心态去接纳和包容处于"蓝色状态"下的自己。具体来说，我们可以这样告诉自己："原来这是我的'蓝色神经系统'启动了。我虽然有点讨厌这个状态，但它是身体想要保护我的方式。我应该对它说一句'谢谢你，谢谢你还愿意守护着我'。"

这是在践行本书的另一个核心观点——"接纳蓝色状态"（见图 2-4）。这就像理解"红色状态"一样，逐渐地我们也能够理解自己的"蓝色状态"，也能找到与它和谐共处的正确方式。

图 2-4　与"小蓝"友好相处

进一步理解"小绿"

接下来，让我们用"刺激与反应"的视角来理解我们身体里的"绿色神经"。

当我们的身体出现"绿色反应"时，这往往是因为此时遇到的，是能给我们带来安心感、安全感的"刺激"。例如，当我们遇见的是一个可爱的婴儿（或者是小动物的幼崽），此时我们的身体会作何反应？我们的脸部表情会如何变化？我们的声音会有什么变化？

是不是眼神温柔了，嘴角也不自觉地上扬？是不是声音也不知不觉地变得柔和，还带点小鼻音，轻轻软软的？

但这些反应应该都不是我们事先就预设好的吧？不会有人提前在心里设定："下次见到婴儿，我要记得眼神放柔和些、面带微笑、语气也要轻柔一些。"当然不需要这样做。这些反应和表现都是自然而然地流露出来的，是"绿色神经"启动的表现，它就像"红色神经"和"蓝色神经"一样，是对"刺激"的反射性反应。

总有时候，我们会因为看到某物、听到某声音、闻到某气味、尝到某种味道、触碰到某物顿时感到安心（见图 2-5）。你会在看见什么、听到什么、闻到什么、尝到什么、触碰到什么的时候感到安心呢？请试着回想一下那些让我们觉得安心、安全的场景。

想要获得这样的感受，要做的不是去强迫自己"努力变成绿色"，而是换个角度问问自己："什么能让我自然地进入'绿色状态'？"也许是一本书、一段音乐、一碗汤、一句问候、一种气味、一次拥抱……这些其实都可能是触发我们进入"绿色状态"的契机。

我们一定要坚信，"绿色神经"会帮我们记起那些我们真正想要守护、珍惜的人或事。

摸摸，摸摸

图 2-5　是什么"刺激"会让"绿色神经"产生反应？

若能建立起以上这种思维方式，我们就能更轻松地与"绿色神经"友好相处，也能更加深入地理解它存在的意义和作用。

我将如何理解"绿色神经"的方式总结为以下几点：

1）察觉到此刻自己身体和心理所发生的"绿色反应"（相关反应可参考第一章）。

2）察觉到自己遇到了什么样的"刺激"，从而给我们带来了安心与安全的感受。

3）仔细倾听我们身体的声音，接纳我们的身体想要珍惜这种安心感、安全感的想法。

当我们能够这样去察觉和体会时，我们就会发现，原来"绿色神经"一直都在我们的身边默默地守护着。请试着对它说一声："谢谢你，绿先生。"这将是我们与它建立连接、和谐相处的第一步。

"小绿"跟"小蓝"的区别

在这里，我们来简单聊聊"绿色神经"和"蓝色神经"的区别。虽然这套理论本身挺复杂的，但为了不让大家在理解和学习的过程中感到有负担，这部分我会尽量用轻松、简明的方式来说明。

我们可以把"绿色神经"和"蓝色神经"统统想象成"刹

车系统"。因为它们的作用都是让身体慢下来、降低活力水平，趋于静止。

但其实，它们之间还是有着一些关键的差别。"蓝色神经"更像是"急刹车"，它的目标是"现在！立刻！完全停住"；而"绿色神经"就温柔得多，它更像是"慢刹车"，与其说让我们完全停下，不如说是帮助我们调节节奏，让我们慢下来。

这种温柔的刹车方式，也给了身体一个"喘息的空间"。当我们的身体处于"绿色状态"时，我们通常会觉得从容不迫，能够好好地察觉周围的环境，也能感受到自己当下的状态。

也可以这么说，当我们疲惫不堪时，"蓝色神经"帮我们按下"暂停键"；而当我们感觉安心、放松时，"绿色神经"在温柔地帮我们调速。

"绿色反应"的案例

接下来，让我们看看生活中有哪些情境会触发我们的"绿色反应"。通过这些真实的小例子，也许你能更直观地理解"多重语"的表达方式。

一位来访者曾分享过这样一段经历："那天我下班回家的路上，心里还惦记着第二天的工作安排，感觉焦虑、坐立不安。可刚一推开家门，宠物立刻跑过来迎接我。就在那一瞬间，我突然觉得全身都放松了下来，甚至忍不住笑了出来。"这个场景就是一个从"红色状态"切换到"绿色状态"的典型例子。

还有一位来访者这样说："那天我正因为手头上的事感到烦闷，什么都不想做。就在这时，电视里突然播起了我喜欢的歌手的新歌，一下子让我的心情变得清爽、轻快起来。"这是从"蓝色状态"过渡到"绿色状态"的典型反应。

另一位朋友的分享也很有代表性："有一天我在院子里除杂草，刚开始干劲十足，可到后来身体实在撑不住了。就在我抬头伸个懒腰时，意外看见头顶是一片万里无云的湛蓝天空，那一刻，我突然觉得神清气爽。"这是一个从"红色状态"转为"蓝色状态"，再过渡到"绿色状态"的生动例子。

就像这些例子所展示的那样，在"多重语"的世界中，"绿色神经"的运作，正是我们身体在接收到某些"刺激"之后，发出的一种温柔的提醒："先调节一下自己，先回到一个让自己感到安心的地方吧。"

换句话说，宠物的陪伴、喜欢的歌声或一片湛蓝的天空，都像是"绿色神经"在告诉我们："这些都是你心中真正重要的存在呀！"

● 像"指南针"的"小绿"

有一位来访者曾这样形容："对我来说，'绿色神经'就像一个指南针。"

我听后觉得非常贴切。"绿色神经"确实承担着这样一个作用，当我们与能带来安心感的事物产生连接时，它会悄悄地提醒我们什么才是真正重要的。所以，说它是"指南针"，能为我们指明方向，确实是一个很形象的比喻。

当然，也有人会把"绿色神经"产生反应时的感觉，形容为"回到初心""回到属于自己的主场"或"回归中立"。在"多重语"的框架下，"绿色神经"代表的是通过与那些让我们感到安心、安全的事物建立连接，从而更好地守护我们自己的生命。

读到这里，你是否对"绿色神经"的重要意义和它背后的"良苦用心"有了更深一层的理解呢？当我们知道，原来自己的神经系统是出于这种温暖的目的而进入"绿色状态"时，是否会对它产生些许感激之情呢？

在本书中，我们会把"接纳蓝色和红色，活用绿色的力量"作为一句关键语。我们无须一下子做出巨大的改变，只需一点点地去理解、去靠近自己的"绿色状态"，慢慢找到适合自己的方法，与它建立起属于自己的相处之道。

正如前文所述，三种神经系统的反应背后都有一个共同的出发点，那就是为了守护我们的生命，以及那些我们内心深处最珍视的事物。只不过，它们各自采取的"守护方式"不同而已。"红色神经"通过"战斗"或"逃跑"的方式起作用，仿佛是忠诚的"门卫"；"蓝色神经"则选择"停下脚步、进入节能模式"，像是果断踩下"急刹车"；而"绿色神经"则是采取"与带来安心感的对象建立连接"的守护方式，担任着温和的"速度调节器"。

一旦我们学会觉察、理解这些神经反应所发出的信号，也就真正开启了"与身体并肩而行"的旅程。

进一步了解神经的"混合态"

接下来，我想向大家介绍一个新的概念——"混合态"。

在传统的自主神经理论中，神经活动通常被分为两类：交感神经与副交感神经，并强调二者之间维持"平衡"的重要性。然而，一旦将神经系统视为截然对立的两种模式，我们便容易落入"二元对立"的思维陷阱。比如，常有人问我："是不是交感神经不好，副交感神经才更重要呢？"

但在我看来，人的神经系统并没有"好"或"不好"之分。每一种神经反应，都在特定情境中发挥着保护我们的功能，都是不可替代、同样重要的存在。

正因如此，本书希望为读者提供一个更为整合与弹性的理解路径，那就是来自"多重迷走神经理论"的"混合态"概念。它不再将"红色神经"与"蓝色神经"对立看待，而是通过"绿色神经"这一核心，帮助我们调和、协同体内的多种神经反应，在动态中寻找真正的平衡。

混合态有何特征？

为了更清晰地理解"混合态"这一概念，让我们先来复习一下"绿色神经"的特点。

"绿色神经"常被称为"连接的神经"。当我们与重要的、令人安心的事物产生连接时，身体便会感受到安全感与稳定感。

"绿色神经"也被称为"调谐神经"（tuning nerve）。在前文中，我们提到"红色神经"相当于"踩油门"、"蓝色神经"相当于"急刹车"，而"绿色神经"则肩负着"调节两者之间幅度"的功能。因此，它也常被形容为"柔和的刹车"，一种可以灵活调速、适度减缓的机制。

例如，当我们走在狭窄或弯曲的道路上，稳定与安全行驶的关键并非全力加速或急停，而是灵活、及时地调节车速，这正是"绿色神经"所擅长的。

换句话说，"绿色神经"是一种可进可退、既能踩油门也能踩刹车、可以在"红色神经"与"蓝色神经"之间自由切换的中立状态。它使我们在感到安全、安心时从容不迫，从而更容易做出适当的调节与回应。

请将这些"绿色神经"的特性牢记在心，因为它们正是我们接下来要介绍的"混合态"概念的基础。

"绿红混合态"

所谓"绿红混合态",指的是当"绿色神经"和"红色神经"同时发挥作用时所呈现的状态。"绿色神经"给我们带来的是那份安心、保护和连接的感觉;而"红色神经"则代表着行动、战斗或逃离的冲动,是那种"踩油门"的感觉。

当这两种力量融合时,我们便会体验到一种"安心中也充满活力""在安全感中积极行动""在保证安全的前提下奋力战斗""在感到安全的同时果断撤退""带着安心感勇敢地加速前进"的感觉;或者,也可以表述为"在保持彼此相连的感觉的同时去行动""一起战斗""同进同退""一起努力"的感觉。

这样解释,你是否可以对这种"绿红混合态"有了更加清晰、具体的认识呢?

绿红混合时就像在玩游戏

提出多重迷走神经理论的波格斯博士曾把这种"绿红混合态"称为"游戏"(见图 2-6)。

图 2-6　类似游戏的"绿红混合态"

　　无论是动物的幼崽还是人类的孩子，都会在玩耍中学会如何"适度调节"，如何既能激动地玩耍，也能适时地放松下来。

　　例如，摔跤游戏和捉迷藏其实就是一种"在安心中战斗、在安心中逃跑"的游戏；在卡牌游戏、棋盘游戏中，大家都遵守规则竞争；在体育运动中，选手们在规则下拼尽全力。正是因为有了规则，我们才能感受到安全，从而安心地参与竞争。

　　在运动比赛中，当有人偏离规则时，裁判会公正地做出判罚，这正是为了让所有人都能在一个安心的环境下比赛。

　　而在团队运动中，"大家一起战斗、一起躲避、一起行动"的感觉，就属于"多重语"语境下的"绿红混合态"的一种表现。

也许，正是因为这种"游戏"的感觉让我们能够体验到安心、连接和归属感，所以波格斯博士才会用"游戏"来形容"绿红混合态"。

🟢🔴🟣 绿 + 红 = "没有焦虑的行动"

"绿红混合态"也可以理解为一种"没有焦虑感的行动状态"。如果缺乏"绿色神经"的调节作用，只剩"红色神经"起作用时，那么行动往往是由"不安"驱动的，或者说是"为了摆脱不安而采取的行动"。

"只有红色（深红色）的状态"和"绿红混合状态"之间，其实存在一个渐变的连续谱（见图 2-7）。心理学者津田（2022）曾用"安心与风险的混合"来形容这种现象。而这个混合的比例，恰恰是由"绿色神经"来帮助我们进行调节的。

我们和谁在一起、所处的环境是否安全、有没有外界的情感支持，这些因素都会影响我们的身体进入哪种状态。如果环境让我们感到安心，那么身体就更容易进入绿色多一些的"绿红混合态"；反过来，如果环境让我们感觉不确定或有风险，那么身体就更容易进入红色多一些的"绿红混合态"。

不妨回想一下自己有没有在"安心又积极"的状态下做过什么事情？如果有，那就是"绿红混合态"的感觉。

在"深红色状态"下工作

拼死工作

担心被解雇而害怕地工作

为了不输给同事加油工作

怀着对对方的恨意工作

在"红色状态"下工作

着急忙慌地工作

奔着截止日期工作

看别人眼色工作

语速飞快、身体紧绷地工作

在"绿红混合态"下工作

开心工作，在失败中学习

融入团队工作

在与同事的交流中工作

怀着不怕失败的挑战精神工作

图 2-7 "绿红混合态"的渐变谱（以工作为例）

"绿蓝混合态"

所谓"绿蓝混合态",是指"绿色神经"与"蓝色神经"同时起作用的身体状态。

"绿色神经"代表的是一种让人感到安心、安全,以及与他人有连接的心理状态;而"蓝色神经"则代表让我们慢下来、休息、放松、节省能量的状态,就像踩下生活的"急刹车",使我们不再奔跑,也不再对外产生过多的反应。

当这两种神经同时被激活时,我们会进入一种既有安全感又能让自己慢下来的状态,好像"安心地驻足停留""安心地休息""安全地进入节能模式""在安全的情况下踩下刹车"。或者说,在稳定的关系中,我们允许自己慢下来,不必努力维持什么形象,不需要不断地回应或刻意表现,只需自然地存在就好。在这类关系中,我们能够一边感受到与他人同在的温暖,一边节省精力、恢复元气。

你是否在脑海中勾勒出这样的画面了呢?

绿蓝混合生出"爱"

提出多重迷走神经理论的波格斯博士曾将"绿蓝混合态"称为"爱"（见图 2-8）。所谓"绿蓝混合态"，是指我们在一个让人安心的环境中静止下来的状态，或者说，将自己安然地托付给某个可以带来安全感的人或事物的状态。在这种状态中，我们体验到的是"即使不去做什么，也已经很好"的感觉，也就是那种"无条件地接纳""仅仅活着就足够了"的深层接纳感。

例如，和某个人在一起的时候，即使彼此沉默无语，也感到放松自在；无论对方在做什么，我们都觉得没关系、不需要回应；我们也相信对方同样会接纳我们的任何状态，无论我们

图 2-8 "绿蓝混合态"代表爱

是活跃还是沉静。这种"即使什么都不做也没问题"的感受，正是"绿蓝混合态"的体现。

在当今这个高度重视效率与产出的社会中，能真实地进入"什么都不做也被允许"的状态，其实是许多人渴望却难以触及的内在需要。这种状态正是一种深层的疗愈。

例如，在如今流行的桑拿体验中，有些人会在高温与冷水的反复交替中，感受到一种身心一致、彻底放松的状态，那其实就是"绿蓝混合态"带来的调节。

又比如露营时，人们围坐篝火前静静地发呆，听着被烧着的柴噼啪作响，什么也不说，什么也不做，只是"待在那儿"。无论是独处还是有人相伴，这份既安静又安心的存在感，都是典型的"绿蓝混合态"的体现。

还有许多人假日会选择走进大自然，去山林湖泊间寻找宁静，这背后也正是我们的神经系统在呼唤一种状态——在安全感中歇息，在与人或世界的连接中放慢脚步，从而让身心得到恢复与重新整合。

绿 + 蓝 = "没有焦虑的静止"

"绿蓝混合态"可以理解为一种"没有焦虑的静止"状态，或者说是一种"放松下来的暂停"状态。与之相对的，是"没有绿色的蓝色（深蓝色）"——那是一种因不安而被迫停下的状态，是由于恐惧、紧张引起的停止，也可以理解为"明明内心想行动，却只能停滞不前"。

"绿蓝混合态"与"只有蓝色的状态"之间存在一个渐变的连续谱（见图 2-9）。自主神经系统会根据当下的环境来判断应

在"深蓝色状态"下休息

回过神来才发现自己已经倒下了
身体无法动弹，只能躺在那里
因为休息而感到羞耻和罪恶
完全没有干劲的状态

在"蓝色状态"下休息

在疲惫状态下无法思考
想一个人待着，不想说话
体力和精力状态有点低下
对休息有点抵触情绪

在"绿蓝混合态"下休息

跟同伴一起休息时的感觉
为了犒劳一下自己而休息
在信任的人的守护下休息
休息一下还能继续努力

图 2-9　"绿蓝混合体"的渐变谱（以休息为例）

该停在哪个位置。若大脑感知到环境是安全的，它会促使我们进入偏绿色更多的"绿蓝混合态"，让我们在安心中慢下来。而如果环境被判定为存在威胁，我们可能进入的是绿色较少、偏向警觉的"绿蓝混合态"，虽然同样是"停止"，却夹杂着紧张与不确定。

我们是和谁一起停下来、在怎样的空间中踩下生活的"急刹车"、是否有可靠的同伴存在，这一切都会影响我们的神经系统对当前状态的评估，从而决定我们所体验到的是哪一种"绿蓝混合态"。

我们或许也曾经有过这样的时刻，当下即便没有做什么特别的事情，却感到一切都刚刚好，不需要逃、不需要努力、不需要证明什么。那种温柔、稳定、缓慢却有力的感觉，就是"绿蓝混合态"的体现。建议你试着回忆一下，那种感觉曾出现在什么时候、什么场合、与谁有关。

"蓝红混合态"

　　除了"绿红混合态"与"绿蓝混合态"，还有一种值得我们关注的神经状态，那就是"红色神经"与"蓝色神经"的混合状态（见图 2-10）。与前两种状态不同，这是一种令人感到辛苦甚至压抑的状态。它的外在表现是停滞不动（"蓝色状态"），但内心却充满了焦虑和不安，试图挣扎着前进（"红色状态"）。

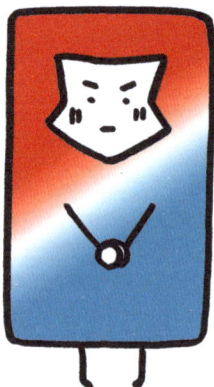

图 2-10　"蓝红混合态"呈现的是一种"是战斗还是停止"的状态

如果还是用车来比喻，这就像是一边踩着"急刹车"一边又踩着"油门"。车虽然看起来没动，但发动机在空转，油耗得飞快。此时，处于这种状态的人从外表上看似安静、没有行动，其实内心正在高速运转，充满冲突与挣扎。

这种状态会让人感到非常疲惫。身体没有真正地得到休息，心一直处在警觉、担忧、内耗之中。它既无法前进，也无法真正停下，是一种"看起来很静，其实极耗能"的状态。

你是否也曾经历过这样的时刻？明明停下来什么都没做，却感觉更累了？也许那就是"蓝红混合态"在悄然出发。当我们学会辨认这种状态、理解它的来源时，我们也许能更温柔地对待自己，慢慢将它引导回"绿色状态"——让"刹车"不再出于恐惧，让"油门"不再由焦虑驱动。

摆脱"蓝红混合态"

我长期在心理治疗科工作，逐渐意识到大多数心理疾病其实都可被理解为处在"蓝红混合态"的状态中。也就是说，这些心理困扰并不是显而易见的行为异常，而是一种神经系统高度复杂且容易被误解的状态。

"蓝红混合态"里缺乏的是"绿色状态"，即安全感、与人连接的感觉非常微弱。在这样的状态下，人的思维很容易陷入"非此即彼"的二元对立模式。例如："要不要去上学？""去不去上班？""错的是我还是他？""这是对的还是错的？"甚至有时思维会走向更极端的境地："要么战斗，要么放弃（甚至死亡）。"人在这个状态中仿佛只剩下两条路可以选，但选哪一条都令人煎熬。

但当"绿色神经"的功能逐渐恢复，也就是当人重新感受到一点点安全、连接、轻松的氛围时，就会从这种二元对立的思维中慢慢抽离出来。我们或许都曾有过这样的经历：在内心焦虑、不断追问"怎么办才好"的时候，通过向某人倾诉，在获得了情绪上的安抚后，忽然有种"我刚才为什么那么纠结呢"的释然感；或者，在被问题压得喘不过气时，与宠物、动物、大自然接触了一会儿，心里那种"世界要崩塌"的感觉会忽然变得微不足道起来。

这正是身体与神经系统被"刷新"之后带来的视角转变。从那一刻开始，我们不再试图"解决问题"，而是能够"放开对问题的执念"，不再把"解决问题"当作人生的目标，而是重新看见生活本身的价值与自然状态。

所以，我有时会说"问题的解决不是重点，问题的自然消解才是关键"。当我们从"非解决不可"的焦虑中走出来，重新与"绿色神经"建立连接时，我们往往会发现所谓的问题也许并不像我们想象的那么严重；我们也许并不需要马上得到答案，而是先让自己慢下来，静待花开。

越急于解决问题，越迷失方向

在本书的序章中，我们提到了指南类、方法类书籍的局限性。我并不是要去否定这类书的价值，但我们常常会目睹这样一种情况：那些试过许多方法却仍然苦恼的人，往往已经不知不觉地把"获得解决问题的方法"当成了人生的唯一目标。

当我们尝试多种"正确的方法"却始终无法如愿时，当我们陷入深深的内在冲突与挣扎时，也许这意味着我们处于缺乏"绿色神经"所代表的安全感和连接感的状态。也许我们过度专注于解决问题，太过执着于问题本身，以至于忘记了我们可以先暂时离开问题本身，给自己寻找一点"绿色的空间"。

如果借用"混合态"的概念来理解，当我们从紧张、用力过猛的"红色状态"去执行一些书中介绍的方法时，我们可能进一步陷入"深红色状态"。而我们可以试着先切换到"绿红混合态"，用一种带着安全感与好奇心的心态去尝试这些方法。甚至有时我们可以完全离开方法本身，进入"绿蓝混合态"，休息一下，让身心得到调节和恢复。之后再以轻松的"实验"心态重新尝试某种方法，也许我们就能看到不一样的风景。

换句话说，在面对任何困难和挑战时，我们可以尝试以这样的方式来推进：安心地去尝试；与他人做伴、一起行动；用"游戏"的心态去体验；在关系中、在连接感中前行。这些都是

"绿红混合态"带来的积极能量。

同时，也别忘了，我们还可以在信任的人的陪伴下暂停；在身体需要休息时，允许自己停下来。这些正是"绿蓝混合态"的力量。它提醒我们休息不是失败，而是重整旗鼓后再出发。

以上，就是本书中"混合态"的基本概念介绍。我们可以这样理解：人的神经系统以"红色""蓝色""绿色"三种方式来守护我们的生命。其中，"红色"与"蓝色"并不代表不好，它们在必要时会发挥重要的作用。但为了让"红色"与"蓝色"更顺畅、更温柔地发挥它们的功能，我们需要"绿色"的协助。

希望我们都能站在"混合态"的视角，既保持客观又怀揣温情地观察自己的身体状态，理解自己的节奏，并允许自己在"红色状态""蓝色状态""绿色状态"之间切换、流动，而不是困在某一种非此即彼的思维中无法自拔。

本 章 小 结

- 三色自主神经的反应，是对某种"刺激"产生的生理反应。

- 无论是哪种颜色的自主神经，它们的出发点都是为了保护我们或者守护我们珍视的事物。

- 如果能理解这些神经反应背后的逻辑，我们就能与自己的身体达成和解，生活也会变得更轻松。

- 可以尝试引入"混合态"，如带着安全感去行动（"绿红混合态"）、在连接中安心地休息（"绿蓝混合态"）等状态，这些都是值得尝试的方式。

- "红色"和"蓝色"不代表不好，但如果没有"绿色"的调节会让人疲惫。有了"绿色"的支持，"红色"和"蓝色"也会变得更有活力。

- 与其焦虑地照搬方法，不如在安心感与连接感中尝试，在放松与陪伴中停下来，让问题慢慢自然消解。

第三章

在"多重语"语境下生活

尝试从"多重语"视角审视生活

　　创作本书的初衷，是希望大家不仅能了解"多重迷走神经理论"，更能把它真正应用到自己的生活和工作中。如果它能帮助你生活得更轻松一点，哪怕只是让烦恼少了那么一点点，那便是最理想的结果。

　　为了让这一原本晦涩难懂的理论变得更好懂、更好用、更容易交流，我特别创造了"多重语"，这种用三种色彩来比喻神经状态的表达方式。

　　我衷心希望读者们能试着在日常生活中经常使用"多重语"的思维方式，有意识地去关注自己的身体状态，去察觉自己现在处在哪种颜色的神经状态中。

　　现代社会是信息过载的，我们的注意力总是被外界牵引。久而久之，我们就不再关心自己的内在，很少去倾听身体在说什么、想要什么、正在经历什么。

当然，也有一些人会特别在意自己的身体健康，比如每天测量血压、用智能手表监控心跳、计算步数、测量体温等。尤其是在经历了大范围的流行病之后，关注自身身体健康状况的人变得越来越多。

但是，我们不小心会反而走进另一个误区，即不自觉地用"红色神经"的思维方式监控身体，如血压必须降到某个数值以下、每天一定要走够一万步等。

这时候，我们虽然是在关注身体的健康，却是在一种焦虑和紧张的状态下去完成一系列任务。例如，拼命节食，只因为觉得自己"非瘦不可"；因为血压降不下来而感到烦躁；为了完成每天设定的步数任务而勉强自己多绕几圈；又或者，看着体温计上的数字总觉得不对劲，心情一下子低落了下去；等等。

当我们开始对身体状态产生"好"或"坏"的判断，进而急于去纠正和改善时，我们其实就已经不知不觉地进入了一个高压、紧绷的状态。这种状态其实就是"红色神经"在主导着我们的反应。

而当我们如实观察身体状态时，可以说我们处于"绿色状态"。相反，如果我们怀着"必须让身体维持在某种特定状态才行"的想法，那就相当于处于"红色状态"。这两种状态之间的区别非常关键。

我们可以试着从一个简单的小练习开始：在某个瞬间，轻轻地问问自己"现在的我处于哪种'神经状态'"。

希望本书能带你找回那份与身体的连接感，重新学会"感受自己"，从而一步步找回真正的平衡与从容。

A 女士的"多重语"生活案例

A 女士结婚已有五年，最近刚刚迎来了她人生中的第一次分娩。生产后，她回到娘家休养，全家人都沉浸在新生命到来的喜悦中。

然而不久后，她开始为宝宝有可能感染病毒、家人外出会把病毒带回来等事情感到焦虑，甚至因此常常夜不能寐。虽然 A 女士的母亲也会帮助她一起照顾孩子，但某天母亲的一句话却让她感到又生气又委屈："都当妈妈了，就别整天这么焦虑了，要更坚强点才行！"

她的丈夫还住在他们自己的小家里，平日里很少能见到，虽然可以通电话，但时间总是对不上，聊着聊着，她也常常会对丈夫感到不满。为了缓解焦虑，她几乎每天都看关于防病毒的文章和视频，但越看心里越慌，无法平静。明明是期盼已久的孩子，她却常常因为自己的焦虑和状态不佳而自责落泪。

某天，她在产后回诊时碰巧遇到了接生时照顾她的助产士，便鼓起勇气诉说了这些烦恼。助产士用"多重语"的方式，和她进行了如下对话：

"谢谢你愿意告诉我这些事情。第一次做妈妈，会遇到很多陌生的事情和不安，这是很自然的。其实，成为母亲最重要的事情之一，就是去觉察自己的身体状态。我们可以用一种简单的方式来理解，就是所谓的'三色神经语言'。"

"我们每个人体内都有三种颜色的自主神经：红色代表'战斗或逃跑'的状态，是为了保护重要的事物而全力以赴的神经被激活后的状态，该神经也被称为'加速神经'；蓝色代表'停下来、休息'的状态，是当身体疲惫或遭遇威胁时自动刹车的'制动神经'被激活后的状态；而绿色则代表协调红色与蓝色的'调节神经'，它让我们在安心的关系中恢复平衡，也被称作'温和的刹车'。"

"这些神经并不是我们有意识地去控制的，而是身体自动根据外界环境和内在状态做出的反应。你说的那些焦虑、烦躁、不安，不是你'做得不够好'，而是神经系统在努力保护你和孩子。这些都是非常自然的生理现象。"

"尤其在刚刚成为母亲的时期，'红色神经'往往会更活跃，因为你在本能地守护孩子。因此，当面对家人或丈夫的一些言行时，你可能会本能地变得异常敏感或烦躁。但这不是性格的问题，更不代表你的能力不行。"

"当'红色神经'被过度使用时，身体开始疲惫、情绪低落，你会进入'蓝色神经'主导的状态，也就是我们俗称的'情绪低谷'。这时候，'绿色神经'的恢复功能就变得尤为重要，你需要的是与让你感到安心、安全的人或事物建立联系。"

"比如现在和我说话，如果能让你感到一点点轻松，那就说明'绿色神经'开始发挥作用了。此时你最重要的任务并不是做完美的妈妈，而是先照顾好你自己的身体，给'绿色神经'创造活跃的空间。"

听完助产士的这番话，A女士仿佛松了一口气。她开始明白原来不是自己不够好，而是神经系统在起反应。

助产士接着说："没错。这就像是花粉进了鼻子会使你打喷嚏，吃坏了东西会使你呕吐，这些都是生理机制。产后身体变得特别敏感，神经系统很容易就进入'红色状态'或'蓝色状态'。别勉强自己非得变成好妈妈，照顾好身体，让它慢慢恢复，一切就都会好起来了。"

"顺便说一句，蜂蜜很适合帮助放松身体，有空尝一尝吧。另外，下个月会有个妈妈们的交流会，如果你有兴趣，欢迎来参加。"

和助产士的这段谈话让A女士感受到了一种久违的轻松。虽然她仍然会偶尔陷入自责的思维模式，但她更清楚地意识到，自己的疲惫和情绪波动，只是一种身体对经历过重大事件后自然的反应。

从那以后，她每天都会看看"三色神经小人"的插图，试着观察自己是处于"红色状态""蓝色状态"还是"绿色状态"。慢慢地她也发现，原来自己在日常生活中其实也有很多时候都处在"绿色状态"。

Ａ女士曾对我说："我和助产士聊完以后，感觉全身都松弛下来了，也许这就是'绿色'的感觉。""和妈妈吵架之后哭了一场，竟然睡得特别香，这可能是从'红色'转到'蓝色'了？""参加妈妈们的交流会时，听到别人也有同样的烦恼，我居然感到一种莫名的安心，那也就是'绿色'。"

她还渐渐能够从三种不同颜色的神经的视角来看待自己和家人。例如，她说："我妈刚刚那样说，是'红色模式'上线了。""老公在电话里话不多，大概处于'蓝色状态'。但每周日早上，他都特别放松，应该处于'绿色状态'。"

在这样的理解和接纳中，Ａ女士慢慢学会了与自己的身体状态共处，不再执着于做一个完美的妈妈。她甚至开始反思，自己的妈妈也不是完美的，她也有红色的时候。这些小小的转变都让她逐渐轻松起来，找回了做母亲的信心和温度。

Ａ女士在学会使用"多重语"后的变化

怎么样，通过Ａ女士的故事，你是否能更清楚地感受到

"多重语"在日常生活中是如何被具体应用的呢?

在刚成为母亲的那段日子里,A女士一直非常担心孩子的健康状况,她不停地查阅网络与书籍,希望能找到所谓的正确答案,不断地去纠结什么才是"正确的育儿方式",怎样才算"有效防疫",一个"好妈妈"应该是什么样子……而从"多重语"的视角来看,这时的她就是处在"红色神经"高度活跃的状态中。

然而,在与家人之间产生摩擦后,她常常以泪洗面,甚至疲惫到难以继续照顾孩子。这样的状态,则可以用"'蓝色神经'启动了刹车机制"来表达。

之后,她去医院回诊,与那位一直信赖的助产士再次交谈,也开始尝试参加妈妈们的交流活动,这些经历让她逐渐松弛了下来。当她开始能悄悄地对自己说"也许我并没有做错"时,她的身体状态便可以用"'绿色神经'正在发挥作用"来解读了。

A女士之所以有焦虑和紧张的情绪和反应,并不是因为她的性格或能力出现了问题,而是身体的自主神经系统在以自己的方式做出反应。这是一种极其自然的生理现象。

回想那些日子,A女士的注意力几乎都集中在自己的身体之外,孩子、病毒、母亲、丈夫,以及各种网上的信息、书籍等。她并没有意识到自己的身体和神经已经处于一种失衡状态,也不知道该如何察觉并调节自己的状态。

然而，一旦我们的身体失衡，生活中很多事情也会随之失控。因此，想要恢复平衡，最重要的一步就是先去觉察自己的身体状态。而这个过程其实并不复杂，只需要在"多重语"的语境下，来对照观察和理解就好。

这是一种简单却非常有效的方法，能帮助我们认识自己、照顾自己，并与身体和谐共处。

A女士的"多重语日记"

A女士在接触"多重语"之后，逐渐养成了一个新的日常习惯——写"多重语日记"。这是因为她在与助产士交谈时，助产士建议她试着观察自己的身体在什么样的刺激下会产生什么颜色的反应。于是，她开始在生活中用三种颜色来描绘自己每一天的身心状态，从中重新认识自己，也慢慢找回了内在的平衡感。

A女士的"多重语日记"节选

6月1日

今天因为梅雨季节而阴雨连绵，身体似乎有点"蓝"。刚才在整理垃圾时，看到爸爸又把喝了一半的啤酒罐随手放在桌上，我顿时变"红"了，真的很愤怒，万一孩子误碰就糟糕了！但转念一想，我之所以生气，是因为我真的很在意、很想保护我的孩子，这样一想，便接受了自己的"红色反应"。吃了早餐后，我的情绪慢慢平静下来，感觉变"绿"了。

昨晚我没吃晚饭就睡了，现在回头想，可能是因为空腹导致身体疲惫，才变"蓝"的。下午雨停了，天空放晴，看到蓝天后我也逐渐变"绿"。带孩子去公园散步，结果远远看见了我有点不喜欢的邻居阿姨，身体一下子又"红"了起来，转身回了家。傍晚去超市买东西，正好赶上限时特价，买得挺划算，心情一下子又变"绿"了。看来，我的身体真的很喜欢捡便宜。

9月1日

从娘家回到自己家已经一阵子了，生活也慢慢步入正轨。昨晚久违地早早入睡，今天醒来时精神很好。那是一种带着一丝"红色动力"的"绿色状态"。最近我开始服用乳酸菌保健品来调理肠道，感觉肠道状态变好了，每天早晨都能顺畅排便，身体处于"绿色状态"。以前我甚至觉得三四天没排便是"正常"的，可能那时候我根本没关注过自己的身体和肠道的状态。助产士推荐的蜂蜜似乎也蛮适合我。

中午看到新闻，喜欢的艺人团体宣布解散并退出演艺圈，我很震惊，感觉有点"蓝"。但意外的是我并没有一直耿耿于怀，心里更多的是感激，"谢谢你们这些年的陪伴"——那种感觉应该是"绿蓝"。

想到下个月育儿假结束后就要回去工作了，身体一下子又"红"了。但当我给同事发信息，她回复道："听说你回来后上司会比较照顾，不用太紧张。"那一瞬间我"绿"了下来。可一想到老公之后可能不会帮我分担家务，身体又有点"红"了。

1月5日

新年假期结束了，一想到要开始上班、送孩子去保育所，心里就微微泛起一丝"蓝"。也可能是因为天太冷了，身体自然变"蓝"了。以前的我，遇到这种状态一定会自责："我怎么这么没用！""是不是太懒了？"但自从了解了"多重语"之后，我开始自然地认为，这只是身体和神经的反应罢了。

我不再反复思索"到底是怎么回事"，而是更简单地接受："冷，就变'蓝'；'蓝'了，也没关系；那就做点现在能做的事！"

今天还买到了自己喜欢的绒毛保暖毯，价格实惠，我打算带去公司，冷的时候盖着它暖一暖。我觉得，这样一来我的身体可能会变成"绿红"或"绿蓝"。最近开始感觉自己能看清："只要这样做，或许就能更舒服些。"能有这样的预判能力，也许真的是"绿色神经"的功劳。

3月30日

老公去健身房已经两个月了。起初他每次去时看起来都很疲惫，是"蓝色状态"；但最近，他好像逐渐变得"绿红"起来了。即使是寒冷的日子，在健身房出一身汗也让他感觉很爽。他有了除工作以外的"第二空间"，我也因此感到安心，自己的状态也变"绿"了。

受他的影响，我也开始尝试服用氨基酸保健品，心里有点小期待，是"绿红"的感觉。

刚生孩子时，我曾觉得老公什么忙都不帮。但现在回头看，他其实也做了不少，在我不在家的时候默默做了家务、每周坚持去超市为孩子准备物品……他体力并不算强，却仍然在努力撑着。我现在真的由衷地感激他。

回头想想，也许是因为当初我的神经状态不稳定，才只看见了他那些不尽如人意的部分。

我终于明白，"'蓝红状态'下看世界"和"'绿色状态'下看世界"真的完全不同。或许是因为我的状态变"绿"了，老公的状态也跟着变"绿"了；又或者因为老公运动后状态变"绿"了，我的状态也更加"绿"了。助产士曾说"颜色是会传染的"，或许还真有点道理。

打造"多重语"生活，让我们对自身状态更敏锐

通过上述日记，相信你已经对 A 女士的"多重语"生活有了更立体的理解。正如她自己体会到的那样，能够知晓自己的

状态本身就能够给我们带来极大的安心感。相反，不知道自己现在处于什么状态，会让人陷入持续的不安，并逐渐卷入"找原因"或"找罪魁祸首"的无止境漩涡中（详见本书序章）。

A 女士是一个善于学习、努力勤奋的人。她会积极地去阅读、尝试各种育儿方法与实用技巧，这是非常值得肯定的态度。但在此之前，她并未意识到自己是在什么颜色的神经状态下去实践这些方法的。

如果你在"深红色"的神经状态（也就是身心高度紧张、警觉的状态）下去践行这些方法，即便做得再标准、再努力，也会在不知不觉中给身体带来负担。"红色状态"如果持续时间过长，身体就会启动"蓝色机制"来踩下急刹车，你就可能进入疲惫、无力、沮丧的低谷期。此时，你不仅无法继续践行这些方法，就连生活也会变得更加吃力。

因此，本书想强调的并不是努力本身有错，而是在什么状态下去努力才更重要。同样的方法，如果你是在适度的、柔和的"红色状态"下去践行，效果将会完全不同。而要达成这一点，"绿色神经"带来的"调节力"便是关键。

我们知道，绿色神经起的是"调节"的作用，是适度的象征。当我们能让自己在绿色状态中待得更久，就更容易进入"绿红混合态"，也就是"安心中带着行动力"的状态，很多方法和尝试也就变得事半功倍了。

以 A 女士为例，她身边存在许多可以帮助她进入"绿色状态"的"触发点"或"信号源"，如助产士的支持、妈妈们聚会时的交流、每日记录的"多重语日记"、湛蓝的晴空、实惠的打折商品、乳酸菌保健品、温暖柔软的毛毯、丈夫去健身房锻炼后的状态变化等。这些看似日常琐碎的事物，其实都是她调节神经状态的助力。

当生活中有了越来越多能够帮助我们进入"绿色状态"的元素时，身体就会慢慢学会从容而顺利地进入"绿色状态"，逐渐形成一种"绿色体质"。随之而来的是情绪和思维方式的自然改变，甚至是对整个世界的认知和感受的转变。

这时候，你可能会惊讶地发现，原本纠结的问题好像也没那么重要了；原本需要解决的烦恼开始以另一种样貌存在。你开始接受不完美的自己，也理解了为什么家人偶尔会产生"红色反应"与"蓝色反应"。

所以，我想说的是，有时候，问题并不一定非得靠"解决"，只要调节好自己与问题之间的关系和距离，问题自会得以消解，或者以另外一种"不是问题"的状态存在。

当问题和烦恼变得不再是我们原本认为的模样，我们自然也就可以更好地走出焦虑的困境。

B 先生的"多重语"生活案例

接下来，让我们再来看看另一个实际案例。B 先生是一家公司的中层管理者，40 岁上下，大约领导着 10 名下属。最近，公司要求他定期与下属进行一对一谈话，这才让他开始认真思考："我到底该怎么培养下属才好呢？"

然而，现实情况并不轻松。他的团队中，有人长期加班，身心疲惫；有人总是跟同事发生摩擦，情绪暴躁；还有人不断重复同样的错误，陷入沮丧无法自拔；也有人做事没计划、凭感觉行动，常常让整个团队陷入混乱。面对这些多样又复杂的情况，他感到力不从心。

更让他焦虑的是，无论多么疲惫，他仍然要确保业绩不能下滑，公司上层对他的业绩时刻关注着。长期的压力让他非常苦恼。

B 先生是个非常用心且努力的人，他读了不少关于"如何培养下属""组织发展策略""员工成长方法"的书，也参加了各种培训课程，试图找出解决方案并加以实践。但效果却并不明显。

就在这个时候，经朋友介绍，他接触到了"多重语"这套理论。朋友告诉他，这并非传统的心理学、领导力或自我成长课程，而是一种全新的视角。于是他参加了一场名为"基于'多重语'的关系建设与组织打造"的讲座，虽然只有短短三小时，他却觉得收获满满。以下是 B 先生当时做的部分笔记摘要：

· 人类和哺乳动物都有三种自主神经，它们会自动启动来守护自己的生命。

· 自主神经优先考虑的是"生存安全"，高于社会规范和人为制定的规则。

· 红色、蓝色、绿色三种神经反应是反射性的，不受意志控制。

· "明明想做却做不到""不想做却控制不住去做"，这些都可能是自主神经做出的反应，而非意志薄弱。

· 不是性格不好、能力不行，而是身体在本能地回应压力（生理反应）。

· 身体处于"红色状态"时，我们会过度紧张，之后可能转为"蓝色状态"以节能和修复；而当回到安全之处，我们就会进入"绿色状态"，这是神经系统的自然调节。

· 人与人之间的互动很可能是神经状态的相互"反射"。就像"先有鸡还是先有蛋"的问题一样，当一个人处于"红色状态"时，另一个人也容易进入"红色状态"；当一个人处于"绿色状态"时，对方也容易进入"绿色状态"。

· 在工作中，"绿红混合态"和"绿蓝混合态"的平衡非常关键。

· 人在"绿红混合态"下最容易高效发挥自身能力，而在"深红色状态"下往往会事与愿违。

· 要想带好团队、培养部下，首先管理者自己要能维持"绿色状态"。

· 如果能接纳自己的"红色状态"与"蓝色状态"，也就能更容易接纳下属的"红色状态"与"蓝色状态"，这样才能让"绿色状态"逐渐增多，从而激发出"绿红混合态"。

参加完这场讲座后，B 先生仿佛打开了新世界的大门。他究竟从中得到了哪些启示呢？接下来，我们将从 B 先生的"多重语日记"中，一起看看他的转变。

B 先生的"多重语日记"

5 月 1 日

今天第一次参加了"多重语"研修课程。我突然意识到，自己原来一直只是个"只动脑却不顾身体"的人。以前我从没想过要关注自己的身体状态，也从来没有真正去留意部下的身体状态。

听到"神经反应是反射性的""'红色状态'和'蓝色状态'并不是我们自己选择的状态,而是自然的生理反应"时,简直让我大吃一惊,仿佛一扇窗被打开了一样。

老师建议我们写"多重语日记",记录每天的身心状态。我决定试试看,目标是从今天起,每天都观察自己处于哪种颜色的状态。

5 月 15 日

往年黄金周假期我几乎都在工作,但这次我试着相信"作为管理者,最重要的是保持'绿色状态'"这句话,有意识地让自己的身体朝"绿色状态"靠近。也许正因为如此,今年假期结束后,我竟然没有出现以往那种"节后综合征"(那其实就是"蓝色状态")。只是这么简单的改变,居然就有效果,真是意外。

我还去了学生时代常去的桑拿房,好久没去过了,整个人感觉焕然一新,应该是身体进入了"绿色状态"吧。假期结束后我决定每周继续去一次桑拿房。还有,我之前几乎天天喝酒,但现在回想起来,酒精好像第二天总是让我进入"蓝色状态"。所以,我打算把饮酒量也控制一下。

5 月 30 日

我觉得，之前的我一直过着一种"自我点火式"的生活。明明是给部下看的资料，我非得亲自逐页检查，挑出问题才能安心。现在想想，那时的我完全陷入了"深红色的解决问题模式"。或许正因为处在"红色状态"，我才无法把事情交给部下处理。那时的我到底是在和什么战斗呢？

最近，我开始有意识地调节呼吸，也提醒自己时刻保持"绿色状态"。也许正是因为有了这种意识，我才能慢慢地对自己说"不如试着把事情交给部下做吧""出了问题再解决也不迟"。

也许正因为我的态度放松了，部下们反倒开始主动向我汇报进度了。这难道是"绿色"带来的连锁效应？我也说不清，真是奇妙。总之，今天再去泡个桑拿吧！

6 月 15 日

我开始怀疑，自己之所以经常处于"红色状态"，是不是因为总把公司专用手机带在身边？研修课里说要"用刺激与反应来思考"，所以我决定做个小实验，尽量把公司的专用手机留在办公室，不带回家。

我记得老师说过，"绿 + 红 = 实验精神"。说到这个，5 月开始，小 C 时常请假，也许他现在正处在"蓝色状态"。想想也是，加班太多的话，谁都会"变蓝"。我是不是把太多工作压给他了？

我在想，要不要试着告诉他"'变蓝'也没关系"，也许他会因此感受到"绿蓝混合态"的支持感？这也是一个实验。我要不要约他一起去桑拿房放松一下？

6 月 30 日

最近，我能用颜色来看待部下的状态了。以前我只关注他们的表现和语言，现在则更关注他们的"身体状态"。

比如，总是和人争执的 D 君，我现在能感觉到他处于"红色状态"。他的神经高度紧张。研修课里说过，"红色"是为了守护我们重要的东西而启动的机制。那 D 君在守护什么呢？是害怕展现自己的脆弱，还是在为客户据理力争？我不确定。

下个月要进行一系列的员工面谈，我有点想把"多重语"介绍给大家，不知道会有什么效果。但我自己真的因此轻松了不少，总之我发现自己不太再像以前一样纠结问题的产生原因了。如果能把这个思考方式也传递给同事，也许会对他们有帮助。

7 月 15 日

太热了，一热就容易烦躁，这种"烦躁"其实就是"红色"；而烦躁过后那种筋疲力尽就是"蓝色"。"红色"和"蓝色"接连出现时，工作效率低下是再正常不过的事了。我想把这个常识告诉我自己，也告诉我的部下们。

今天和 C 君面谈。我把"多重语"分享给他，没想到他一下子就产生了共鸣。他一直认为自身心理太脆弱，说着说着就哭了。或许他真的憋得太久了。

从下周起，他每周三可以提前下班，不加班。我也特别嘱咐他关注一下自己的身体状态。希望他真的能把注意力放回到自己的身体上。

B 先生的"多重语访谈"

B 先生通过亲身实践"多重语生活"，即一种更关注身体状态的生活方式，似乎找回了良好的状态，工作效率也逐渐提升了。

在这个过程中，他开始有意识地去观察下属的状态。原本他习惯于从"性格是否合适"或"能力是否到位"的角度去评估下属，但现在开始这样去理解："也许他们现在的状态，只是身体或神经系统反应的结果。"

正因如此，他内心生出了一个新的想法，希望帮助部下们也调节好自己的身心状态。于是，他尝试用"多重语"的方式，与 C 君进行了一次面谈。下面，我们就来看看他们的交流是怎样进行的。

上司 B："最近感觉怎么样？"

部下 C："听了您讲的'多重语'之后，我开始觉得，也许我并不是心理太脆弱，而是身体状态不好。这样一想，我好像真的睡得好了，也更愿意自觉地控制饮酒了。"

上司 B："那太好了。我以前也是，工作推进不下去、做不完，跟其他人沟通也不顺的时候，总觉得是自己能力不够，或者是性格有问题。后来听了'多重语'的讲法，我开始尝试换种思路：是不是我的身体太紧绷、神经处于亢奋状态了？于是我就会告诉自己，可能是低血糖了，吃点东西、出去透口气、拉拉筋再回来继续……这些小小的'刹车'，虽然不起眼，但后来我发现真的挺重要的。"

部下 C："是啊，确实有那种时候，理智上想动，但身体就是动不起来，好像和意志没关系，只是神经自动刹车了。我之前也隐隐感觉到这种状态，但总觉得承认了就像是'逃避'。被您这么一说，我反而能坦然接受了。"

上司 B："现在公司也在讲'健康经营''提高体检服务'可说到底也就是'小心别变成代谢症候群'这种层面的建议。其实，能够主动去营造'绿色状态'，我觉得这才是真正值得在意的事情。"

部下 C："我也有同感。过去我的世界里没有'绿色'这个概念，只有'红色'或'蓝色'。在我的印象里，工作就意味着

'战斗'，只有输赢之分。可能是我以前体育出身，有那种根深蒂固的对抗思维吧。"

上司 B: "我有跟你提过'混合态'这个概念吗？"

部下 C: "嗯？好像没具体说过。"

上司 B: "我觉得在工作中，'绿红混合态'特别重要。比如，在安心中投入战斗，和其他人一起并肩作战，或者把工作做得像一种游戏。这样的感觉，你能想象吗？"

部下 C: "确实如此。如果职场氛围很紧张，人们就很难进入那种理想状态了。原来那种紧张感，就是大家在纯粹的'红色状态'下工作啊。而如果'绿色状态'能融入其中，就算处于战斗状态，也能变得更加平衡。这就像运动比赛时，大家会面带笑容、喊着口号，重视团队配合，这样反而更容易赢得比赛。"

上司 B: "没错，我也正有那种感觉。所以，怎么样让每个成员都能感受到'绿色状态'，身体处于'绿色状态'、心里感到安心，就成了关键。如果我们能一起打造这样的职场氛围就太棒了！"

部下 C: "那我们能做些什么呢？哪怕只是深呼吸，也会有不小的作用吧？'绿色'不是跟五感有关系吗？比如，不让办公室那么安静，放点舒缓的音乐？穿得轻松点？工作时不要老坐着，有时候站着工作？带着笔记本电脑到别的地方换换环境？

这些应该都有帮助吧？现在不是在哪里都能联网嘛！"

上司 B："是啊，不知道能不能实现，但光是大家一起相互出出点子，就已经很有意义了。绿红混合态本身就有点像游戏，若大家能一起玩就好了。在我参加的一个研讨会上，老师还介绍了一款桌游，叫'阿奇巴斯'（Achievus）。他说游戏本身当然有意思，但更重要的是游戏之后的对话。去聊聊自己从游戏中感觉到了什么、想到了什么，这种分享过程，其实就是一种激发'绿色状态'的方式。"

部下 C："桌游吗？可能会有人对此持反对意见。但现在想想，也许说这种话的人，其实身体处于'红色状态'。当我们太看重效率和性价比时，确实很难接受'玩'这件事……我现在大概懂'红色'和'绿红混合态'的区别了。真想试试那种培训活动。其实，所谓实验不就是某种意义上的'玩'吗？玩得投入了，创造力也会被激发出来，工作说不定反而更好做。"

上司 B："说得真好。什么时候该在'绿红混合态'下像游戏一样展开工作，什么时候又该好好'打一场硬仗'，让'红色神经'上场，也许我们要学会的是在这两者之间来回切换。"

部下 C："对。一旦体验过'玩'的感觉，或许我们就不再非得选边站，而是知道两者都很重要了。"

读完上司 B 和部下 C 的对话后，你做何感想？你是否也感受到一种自由、轻松、自在的氛围呢？

通过 A 女士和 B 先生的"多重语生活"的实例，你是否对"多重语"的实际使用方法有了更直观的理解呢？

何不让我们也尝试写一写自己的"多重语日记"，在日常生活中，用红色、蓝色、绿色三种颜色或它们的混合态来记录自己的身体反应、心理变化。接着，不妨也用这些颜色去与他人展开交流。

学习"多重语"的过程，其实就像学习一门新语言一样，写一写、说一说，才会真正掌握。如果能有一起学习"多重语"的伙伴，那就更好了。因为和人建立连接、在"绿色状态"下共同学习，本身就是一种"绿红混合态"。不妨从今天开始试试看吧！

本 章 小 结

在日常生活中运用"多重语"的核心要点如下：

1. 留心观察自己的身体状态，用红色、蓝色、绿色这三种与神经系统相关的视角来洞察自己当下的反应。

2. 进一步学会使用"混合态"的概念来理解自己身体的状态。

3. 尝试用红色、蓝色、绿色这三种与神经系统相关的视角来洞察对方的状态。

4. 意识到你的三种颜色的神经状态会影响他人，对方的状态也会影响你，彼此是相互作用的关系。

只要能从以上四个角度出发去观察自己和他人的关系与状态，就可以说我们已经在"活用多重语"了！建议每个人都从第 1 项开始，一步一步地尝试。

第四章

如何提高
绿色的占比

何谓"提高绿色的占比"

虽然略显啰唆，但是在这里我还是想要重复强调，本书的核心观点是"接纳蓝色和红色，活用绿色的力量"，旨在通过这种"多重语"的方式最终让我们的生活更加健康。

那么，在本章中，我会详细地对此进行深入探讨。

不要过度减少红色与蓝色的占比

前文中我经常提到，"红色状态"和"蓝色状态"其实都是我们的身体为了"守护重要的人或事"而产生的自然反应。也就是说，不论是奋力迎战、试图逃离，还是停下来不动，都是我们的身体在努力守护生命和内在重要价值的一种应对方式。

如果我们一味地想"纠正"自己的"红色神经"或"蓝色神经"，试图强行改变自己，其结果反而会让身体更加疲惫，甚至引发一系列不适。

简单来说，这就像身体已经拼尽全力了，我们却还在强迫它"再努力一点"，结果只会让"红色神经"陷入怎么也停不下来的恶性循环中。

那该怎么办呢？答案是激活"绿色神经"。换句话说，与其想着怎么减少红色和蓝色的占比，不如把重点放在如何增加绿色的占比之上。

我常用一个例子来说明这个道理，如果给我们"不要去想一只脖子很短的长颈鹿的指令"，结果是越努力不去想，脑海中反而越容易浮现出它的形象。

但如果我将指令换成"请想象一只鼻子很长的大象"，那么我们可能自然而然地忘了那只脖子很短的长颈鹿了。

因此，有意识地调转方向，比努力回避来得更有效。

调节"多重语状态"的方式也是如此，如果一直想着"我不能进入'红色状态'"或我不能进入"'蓝色状态'"，那么就会反复注意到自己的"红色状态"与"蓝色状态"，甚至越是努力越是陷进去无法自拔。而"努力"这个行为本身，也和"红色神经"息息相关，所以，"不想变红"的努力反而可能让你更"红"。

这时候，把注意力转向"如何让自己多一点'绿色'"才是关键。就像我们主动想象大象时，长颈鹿自然就淡出了脑海。

一旦逐步深入"绿色状态"，我们在第二章中所说的"混合态"就会慢慢显现。此时，"红色状态"与"蓝色状态"不会被完全压抑，而是以一种更温和、可持续的方式表现出来。具体的内容，我们还会在下一章深入探讨。

最后，我还想再次唠叨一遍"接纳蓝色和红色，活用绿色的力量"。希望这句话能成为你日常生活的座右铭。

如何识别"绿色反应"是否启动

前文多次提到要过善用"绿色神经"的生活，但到底要怎么判断此刻的自己是不是正处在"绿色状态"呢？下面，我们就来探讨这个话题。

"绿色神经"和"蓝色神经"都属于副交感神经系统，整体上都可以被归类为"刹车"系统。不过，两者之间还是有明显差异的。"蓝色神经"像是比较强烈的刹车，会让身体变得困倦、无力、头脑发沉，只想休息、躺下。而"绿色神经"就像是温和的减速器，让身体有一种"轻轻松一口气""速度慢下来""力量逐渐松开"的感觉。

那么，当我们处在"绿色状态"时，身体会有哪些明显的生理反应呢？

最容易察觉的指标可能是心跳变得平稳，脉搏平缓下来，从而呼吸也会自然变得深长且缓慢。同时，由于肌肉也会逐渐放松，原本僵硬的肩膀会不自觉地垂下来，面部表情也会变得柔和，眼角下垂、嘴角上扬，甚至露出微笑。

当我们注意到自己的身体和心理出现这些变化时，我们就可以认为现在的自己正在进入"绿色状态"。

识别"绿色状态"的"节拍器"

在这里，我想邀请大家尝试一个简单的体验练习，我们可以称之为"节拍器体验"（见图 4-1）。

请你打开手机或电脑，在搜索引擎上搜索关键词"节拍器"。这时，我们会发现搜索引擎上有不少电子节拍器工具。这些电子节拍器界面中的数字，表示每分钟打多少次节拍（单位是 BPM）。找到节拍器后，我们来做三个步骤的练习：

先把节拍器设为 60BPM，播放一会儿，静静地听。感受一下这段时间你的心情和身体感觉如何？有没有感觉呼吸慢了些，心跳平稳了些，或者整个人稍微放松了些？记住这种感觉。

再把节拍器调成 200BPM，继续播放一会儿。这下，你又感受到什么样的身体反应或心理反应？是否觉得有点紧张、催促

咔嚓、咔嚓

图 4-1　节拍器体验

感，甚至有些焦躁？

最后，将节拍器调到 40BPM，继续聆听。这时你的身体又发生了什么样的变化？是不是感到有点倦意？注意力开始涣散，或是想放松地躺下来？

如此，你可能已经注意到，这些节拍声不仅仅是声音，其本质就是一种刺激。我们的自主神经系统（也就是我们前面讲的"红色神经""蓝色神经"和"绿色神经"）会对这些刺激做出直接的反应。

大致来说，听 200BPM 的节奏音时，很可能是"红色神经"（加速）在被激活；听 40BPM 的节奏音时，很可能是"蓝色神经"（刹车）在发挥作用；听 60BPM 的节奏音时，则可能是"绿色神经"在起作用。

当然，这种体验也会因人而异，会受到我们当下的身体状态、聆听时的环境、陪伴左右的人等多种因素影响。

但无论怎样，这个简单的"节拍器体验"可以帮助我们建立一个很好的身体感知练习模型——当我们在判断自己当下是不是处于"绿色状态"时，也许通过这样一种具体可感的方式，就能更清晰地找到答案了。

不妨现在就试试看吧！

观察是第一步

那么，所谓的"活用绿色的力量"具体应该如何实现呢？大致可以分为以下两类具体路径：

1）独处时进入"绿色状态"。

2）与他人的互动中进入"绿色状态"。

我们先来具体聊聊如何在独处时激活"绿色神经"（关于如何在与他人的互动中进入"绿色状态"，我们在本章后文中继续介绍）。

还记得前面提到的例子吗？当我们的面前出现一只动物的幼崽或一个人类的婴儿时，我们会不由自主地笑起来，语调变得柔和，脸上的肌肉也放松下来。这其实就是"绿色神经"在起作用。这种身体上的反应，不是我们刻意为之，而是一种自然而然的流露。可以说，你正通过这种表情和声音向对方传递一个无声的信号："我不是你的敌人，你可以放心哟！"

无论在世界的哪个角落或文化背景中，人们在看到让自己

安心的人、喜欢的动物或亲密对象时，都会有类似的反应，即微笑、语气柔和、身体放松。这正是"绿色神经"被激活的表现。

而更有趣的是，当我们处于"绿色状态"时,. 这种状态会传染给他人。我们感受到平静，他人也可能因此感到放松，这就是所谓的"绿色共鸣"。

那么，我们要怎样做才能更容易进入"绿色状态"呢？

首先，我们要觉察自己在什么情况下会进入"绿色状态"。

与红色的"焦躁"或蓝色的"疲惫"相比，绿色的感觉往往比较轻柔、不太起眼。我们会很容易记住处于"红色状态"和"蓝色状态"的时刻，比如"我刚才发火了""我做得太过分了""今天真的累趴了""怎么又在开会时打瞌睡"。而"绿色状态"则不同，它是柔和的、平稳的，是你感受到放松、安心，甚至感恩时的状态。也正因为它不强烈、不突出，所以反而很容易被我们忽略，甚至被当成理所当然的事而悄悄溜走。

因此，我们更应该好好去留意自己处于"绿色状态"时的感觉。是什么让我们突然放松了？是怎样的场景让我们不由自主地舒了一口气？是谁的陪伴让我们觉得安心、有归属感？又或者，是哪一首音乐、哪一种香气、哪一缕阳光，让我们感受到身体回归柔和、心绪渐渐安定？

请务必把刺激和反应视为一个组合，并用这种视角去察觉

"绿色状态"。在"多重语"的语境中,我们把这种练习称为"寻找绿色"。

我们不需要立刻去改变什么,只要先像玩寻宝游戏一样去练习"寻找",就已经是非常棒的开始了。

找到属于自己的"探绿"方式

那么,什么样的情境或刺激会让我们的身体进入"绿色状态"呢?

也许是下班回家的路上,从电车车窗望见的那一抹夕阳;也许是家中宠物津津有味吃饭的模样;也许是一口唤醒记忆的"老味道";也许是偶遇一道绚烂的彩虹时,内心不自觉泛起的微笑。

那么,又是什么样的情境会让我们进入"绿红混合态"呢?

也许是一直关注和支持的球队赢得了比赛;也许是自己喜欢的歌手的视频让我们整个人振奋又舒心;也许是在和孩子、朋友一起无忧无虑地玩耍时的童年回归体验;也许是在实现了一个对自己很重要的目标后的那份充实与满足。

再想想,什么样的情境会让我们进入"绿蓝混合态"呢?

也许是在泡完温泉,大汗淋漓后躺平放松时的那种惬意;也许是有谁拍拍你的背,温柔地说"你辛苦了,放松一下吧";也许是与久未谋面的亲人或朋友重逢时的一次拥抱、一次握手

带来的宁静；也许是在听到一句"你已经做得很好了"时几乎要落泪的感动。

我们在怎样的情境下会出现上述这些神经反应呢？我真的很想知道，同时也希望我们都能对自己的身体和神经系统多一点兴趣、多一点关心。

其实，真正开始"活用绿色的力量"的第一步就是去学会观察我们的身体究竟在什么时候会做出"绿色反应"。而当我们通过一次又一次的刻意观察，我们便会逐渐建立起对自己的认识——原来，只要满足这些条件，我的身体就会变得柔和、安心、舒畅。

往往不需要刻意追求什么大的改变，哪怕只是几分钟，甚至只是几秒钟，只要能捕捉到那种诸如稍微放松了的呼吸、稍稍柔和下来的脉搏、一点点放下警觉而感到的轻松和愉悦……此时，我们的心不在过去也不在未来，而是专注在此时此刻。可以说，此时我们正在跟"绿色状态"打招呼。

我们要做的，只是把注意力轻轻地放在这些"绿色的光点"上。这就是开始"活用绿色的力量"的第一步。

营造适宜的空间

正如前文提到的那样，当我们能亲身感受到何种情况下"绿色神经"会起作用，并开始慢慢记住这种感觉时，就可以开始下一步的尝试——去创造一个更容易让"绿色神经"启动的环境，或者主动走进那样的环境。

前文已经反复提到，"绿色神经"并不是靠意志力驱动的，而是受到"刺激"后的自然反应。所以，与其想着努力让自己进入"绿色状态"，不如换一种思路去思考究竟是怎样的环境才让我们自然地进入"绿色状态"呢？如果再进一步，可以去想一想，我们可以如何调节环境，让这种"绿色反应"更多地出现？换句话说，其实就是在为生活营造出一个更加温柔、支持性强的空间。例如，有人是这样回顾自己进入"绿色状态"的时刻的：

"我发现自己每次泡澡时的心情都很平静。于是我开始思考，怎么做能让泡澡的体验更愉悦呢？后来我决定更用心地挑选沐浴露。所以，我现在经常下班前顺路去逛杂货店购买喜欢的沐浴露。"

"有一次我换了一条回家的路，意外看到一处非常美的夕阳，当下整个人都放松了。后来我决定拍下来收藏，偶尔翻看。渐渐地，我对怎么拍出更美的照片产生了兴趣，也开始想了解更多相机的使用方法。"

"我在做肩背放松的滚动运动（用泡沫轴）时，感到自己进入了'绿色状态'。之后我想到，如果先泡个热水澡再做这个动作，也许效果会更好。试了一次之后，果然感觉非常棒。"

以上这些改变看起来似乎很微不足道，但恰巧正是这些一点一滴的"微调"，让我们平凡的日常更有色彩和值得珍惜。

"温柔的感觉"本就不是夺目耀眼的存在，它恰似溪水一样平静而细密；它不像魔法般带来轰轰烈烈的震撼，却可以成为我们安身立命的小确幸。

所以，请每天都试着去觉察：我现在是不是正处在"绿色状态"？让我进入绿色状态的，是哪一种刺激、哪一个瞬间？怎样做才能让这种"绿色状态"覆盖面更广、稳定性更强、维持得更久？

在"多重迷走神经理论"的语言体系中，这种练习被称为"寻找属于自己的'绿色反应'"。

我相信，当"绿色反应"越来越多的时候，身体就会逐步进入自我调节的状态。

如果我们能察觉到这种反应并理解它、支持它，就能真正开始和自己的身体建立连接，成为自己最可靠的伙伴。而这份身体与心灵的合拍感，正是让我们跨越各种挑战、走得更远更稳的最佳状态。

不要为了摆脱焦虑而寻求过度刺激

在这里，我还要告诉大家一个非常重要的观点。当我们长期处于"红色状态"或"蓝色状态"时，身体和心理往往会感到非常辛苦。这个时候，人会自然而然地产生一种渴望，想要快点摆脱痛苦，想要幸福，想要变得轻松愉快。于是，我们可能会下意识地寻找一些"强烈的刺激"来暂时忘却那份辛苦的感觉。例如，吃很辣的食物、喝酒、看刺激的电视剧或电影、听大音量的音乐、去看现场演唱会、和朋友们疯狂地热闹一场……

这些做法本身并没有错，适当的时候也可能成为调节情绪的一种方式。但问题在于，一旦我们开始觉得"我必须这样做，否则我会被'红色情绪'吞没""如果我不这样做，就会陷入深深的'蓝色抑郁'"，那我们可能反而进入了一种越来越难脱身的恶性循环。

在这种恶性循环的状态下，我们很容易开始追求更强烈的刺激。结果可能是：酒量越来越大，度数越来越高；依赖药物来调节情绪；被赌博、游戏或其他令人上瘾的活动所困；等等。在我接触过的一些咨询者中，也确实有人正处于这样的"依赖性神经模式"中，并为此苦恼不已。

那么，该怎么办呢？这个时候，最关键的转机依然在于寻找属于自己的"绿色状态"。

"寻找绿色"的过程相较于强烈的刺激要平淡许多，显得安静、朴素，甚至有些无聊。所以在恢复初期，我们可能有点失望，因为我们渴望那种能带来显著改善、立竿见影的转变。

但请一定相信，当我们渐渐能够感受到"绿色状态"所带来的温和与平静时，我们就会真正领悟到那份简单、安逸的宝贵价值。这种价值所蕴含的力量，才是最为持久的力量。特别是当我们开始用身体去体验变化，而不是只用头脑去凭空理解时，真正的恢复才悄然发生。

在这个过程中，听一听那些已经走过"回归之路"的人们分享的体会，也许会为我们点亮另一盏灯。

而当我们逐渐能够体会出"红色状态"和"绿红混合态"之间的区别时，也就说明我们已经站在了这条"回归之路"的起点。

关于这些身体感觉的详细探讨，我将在下一章中继续详细展开。

专注五感，与绿色相遇

接下来，我们将一起了解为什么人的身体会更容易产生"绿色反应"？这一反应的机制是什么？

不仅如此，为了让大家真正体验到"绿色反应"是什么感觉，我还会介绍一些具体的技巧和方法，从而让大家学会如何在日常生活中主动调动、激活身体中的"绿色神经"。

神经会通过五感对外界产生反应

五感，指的是视觉、听觉、味觉、嗅觉与触觉。人类正是透过这些感官接收刺激与信息，并由此引发出三种不同的神经反应。下面我们就分别来看看每种感官带来的影响。

◆ 视觉

当你看到什么画面时，身体会进入"绿色状态"呢？你的眼睛正在看你想看的东西吗？你平日里做过"视觉保养"吗？

我们常说"养眼"，用"多重语"来说，其实就是"看见让身体进入'绿色状态'的东西"。

如果我们正在看一些不想看，但又因为担忧或不安而不得不看的画面，很可能会让身体处于"红色状态"。如果我们感到什么都不想看，那说明我们的身体可能处于"蓝色状态"。

很多人看到大自然、植物或动物会变得轻松，尤其是小动物或春天的嫩芽、新绿等，往往能让人感受到绿色的能量。这些"绿色的存在"仿佛在发出某种让人安心的信号，也使我们的身体产生"绿色反应"。

现在，请默默地在心里问问，你的眼睛真正渴望看到的是什么？当看到什么事物的时候，你的身体最容易放松并进入"绿色状态"呢？

◆ 听觉

当听到什么样的声音时，你的身体会进入"绿色状态"？你的耳朵当下听到的，是你真正想听的声音吗？你平日里做过"耳朵保养"吗？

当听不到想听的声音或耳朵捕捉到危险信号时，身体就会进入"红色状态"；而当你什么声音都不想听时，身体或许处于"蓝色状态"。

不少人在听到动物或植物等来自大自然的声音时，身体更易进入"绿色状态"。此外，如前所述，当节拍器处于60~80BPM时，会激活大部分人体内的"绿色神经"。现在也有研究提出某些声音频率是具有疗愈效果的，如528Hz或396Hz

就被称为"疗愈频率"。

"那个人的声音让人心情平静。""这个人的歌声治愈人心。""那和声多么优美。"这样的"声音"也会带来激活"绿色神经"的效果。

此刻，请默默听一听内心真实的想法，了解你的耳朵想听到怎样的声音。你的身体在听到何种声音时会进入"绿色状态"？

◆ 味觉

当尝到什么样的味道时，你的身体会变得轻松愉悦呢？你的舌头在尝你真正想吃的食物吗？你平日里做过"味觉保养"吗？

当我们被迫吃下不想吃的东西，或只是出于义务而进食时，身体很可能产生"红色状态"；而当我们什么也不想吃时，也许身体正处于"蓝色状态"。

味觉其实也会影响我们的自主神经系统，比如食物刺激唾液分泌、启动消化功能等，它甚至还会通过神经来回馈我们的情绪感受。

有趣的是，同样一种味道，在不同的身体状态下，其人们对它的感受会截然不同。比如很多人认为中药很苦，但如果那味中药正好对症，它可能反而有种"舒服的苦感"，而身体状况好转后再尝同样的药，味道也会不同。

现在，请默默在心里问问你的舌头，它渴望怎样的味道？你的身体在品尝什么食物或饮品时，会觉得放松、愉悦呢？

◆ 嗅觉

嗅觉其实与味觉密切相关，特别是在吃东西时。难闻的味道会让人下意识觉得"这东西不好吃"；而香气扑鼻的食物，尚未入口就能唤起美味的期待。

在闻到什么香味时，你的身体会进入"绿色状态"？你的鼻子有吸到你喜欢的味道吗？你平日里做过"嗅觉保养"吗？

关于香味的研究其实已经很深入了，柑橘味、花香、肥皂香、果香……都能对人的心理产生影响。不少人喜欢宝宝的体味，还有些研究提到人类和动物会释放不同的"信息素"（费洛蒙），虽然目前还未完全明晰，但我们确实可能被某种"气味"所吸引或从中得到安慰。

现在，请默默在心里问问你的鼻子，最想闻到怎样的气味？什么样的气味最能让你的身体放松、安心？

◆ 触觉

当你接触到什么样的质地或物体时，会感到平静与舒适？你的肌肤有被你"善待"吗？你平日里做过"触觉保养"吗？

有人说，抚摸宠物能让人平静；也有人说，抱着喜欢的抱枕或毛毯入睡会更安心；泡进碳酸温泉时的细腻触感、汗流浃背后冲冷水澡的爽快，也都是令人愉快的身体体验。

触觉的种类有很多，手触碰、脚踩地、身体泡水、舌头接触，甚至是皮肤感受到的空气流动等，都是"肌肤的感知"。

此刻，请默默在心里问问你的身体，它渴望接触什么？什么样的质感，会让你的身体放松并产生"绿色反应"？

◆ 五感的整体联动

读了以上内容，你是否已经想到了某些"让五感开心起来"的方法？

也许我们可以称之为"五感的保养"。当我们有意识地去"看""听""尝""闻""触"那些让人感到放松的事物时，我们的"绿色神经"也更容易被激活。

当然，我们更可以试试让五感"联动起来"——在舒适的光线中听着喜欢的音乐，喝一杯温热的茶，披着亲肤的毯子，闻着淡淡的香气……这种体验，可能就是我们可以为自己创造的"绿色时刻"。

用正念激活"绿色神经"

我一直认为，当我们把注意力放在"正当下"的事物上，并尝试与之建立连接时，"绿色神经"也会因此被激活。所以，不妨经常扪心自问以下问题，并把它当作一种练习：

"此时此刻，我看到了什么？举三个例子。"

"此时此刻，我听到了什么？举三个例子。"

"此时此刻，我的身体感觉到了什么？"

这种运用身体的五感向自己提问、觉察的行为，是一种非常值得培养的习惯。这种提醒自己专注于"当下"和"正在发生的事物"的练习，也常被称为"正念"（Mindfulness）。在接下来的内容中，我将向大家介绍"正念"这一概念的基本要点，以及它是如何帮助我们更好地激活"绿色神经"的。

何谓正念

"mind"意指"心"或"意识""fulness"则表示"充满"。

因此，"Mindfulness"（正念）从字面上来看，就是"让意识处于充满的状态"。我个人的理解是：正念就是"全神贯注于当下的事物"。

正念这一概念起源于东方哲学思想，许多内涵本就存在于日本传统文化之中。后来，经过海外心理学与医学专家的不断研究与发展，逐渐演化为一种具有科学基础的心身调适方法。从这个意义上说，正念的国际化传播，其实也是一种"文化输出"。

在东方传统中，比如茶道、花道、书道、武道等诸多"道"的修习过程中，人们会极其专注于每一个动作、每一份感受与觉察，在反复练习中体会"如何观察""如何行动""如何感受"，这其实正是"全神贯注于当下"的过程。

如果我们想理解什么是"正念"，也需要了解什么是非正念的状态。例如，"心不在焉""人在此，心已远"，这些都是"正念缺失"的表现。也有人将这类状态称作"Mindless"（无念或漫无意识）。

正是因为我们曾经历过种种心不在焉的状态，才能更深刻地体会到，当我们真正安住于当下、与正在发生的事情建立连接时所产生的那种由内而外的平静与鲜活。

非正念的例子：

• 注意力集中在未来和过去的事物上。

• 注意力集中在结果和效果上。

• 注意力集中在"思考""杂念""解释"本身上。

正念三角形

那么，具体来说，我们该如何去进行"正念练习"呢？在这里，我想借助一个名为"正念三角形"的模型来帮助大家更好地理解。

所谓"正念"，就是让自己的意识集中在"当下时刻"，将心真正地投注于正在发生的体验之中，这当下的时刻和体验就是我们在练习中要专注的"中心对象"。

然而，作为普通人，我们的意识常常会被各种念头牵引走，转而陷入"心不在焉"的状态。

这时，如果我们能够觉察到"啊，我的心又飘走了"，那么这份觉察本身就是非常重要的第一步。接着，我们要做的并不是去责怪自己，而是温柔地把注意力重新拉回"此时此地"的中心对象上来。

换句话说，这个过程并不是一味地追求"不分心"，而是一个"偏离—觉察—回归"的往复练习。而这种反复回到当下的动作，才正是我所理解的"正念"。

有些人在谈论正念或冥想时，会担心自己总是无法排除杂念。但在本书中，我推荐的正念练习并不是要大家彻底"清空头脑"或"消除杂念"。相反，杂念是完全没关系的，甚至可以说有些时候有杂念反而效果更好。

为什么这么说呢？因为，只有当杂念出现时，我们才有机会去觉察它，并把注意力重新带回中心对象身上，正是这个"带回来"的动作，才是练习的关键。

前文提到的"正念三角形"（见图 4-2）可以帮助我们理解这个过程：偏离—觉察—回归。

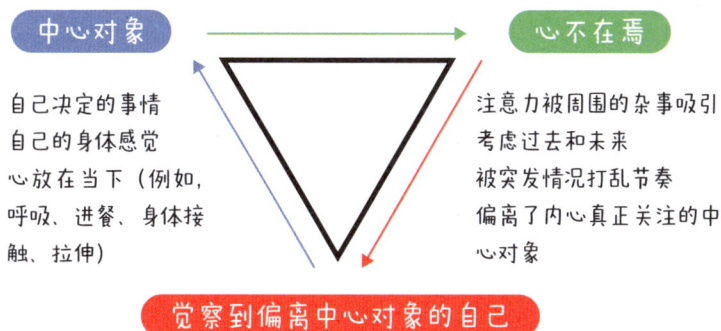

中心对象

自己决定的事情
自己的身体感觉
心放在当下（例如，
呼吸、进餐、身体接
触、拉伸）

心不在焉

注意力被周围的杂事吸引
考虑过去和未来
被突发情况打乱节奏
偏离了内心真正关注的中
心对象

觉察到偏离中心对象的自己

图 4-2　正念三角形

我们可以想象自己在这个三角形中来回移动，而每一次从分心的状态"回归"到当下专注的过程，都会让我们的正念之力逐渐增强。

至于这个中心对象具体是什么，其实并没有严格限制。只要是此时此刻真实存在的事物，就都可以成为我们投注注意力的对象。它可以是一口气息的流动、一杯茶的温度、一朵花的颜色，也可以是身体某个部位的感觉……关键在于，让我们的心回到现在正在发生的这件事物之上。

多样的正念练习，多样的目标对象

接下来，我将介绍在练习正念时，我们可以将身体的哪些部位作为"关注的焦点"（即"中心对象"）。

换句话说，我们要学习的是，当我们将意识带回到"当下"时，我们可以具体关注身体的哪些部位来帮助我们稳定情绪、激活"绿色神经"。

正念呼吸

首先，我们来尝试一下"呼吸的正念练习"。

所谓"正念呼吸"，就是将注意力放在当下正在进行的呼吸动作上，比如鼻子、口腔、随着呼吸而起伏的肺部或腹部等部位。我们可以从中选择一个自己觉得最适合、最自然的身体部位作为专注的焦点。

比如，我们可以选择把注意力集中在腹部的起伏上，观察吸气时腹部隆起、呼气时腹部缓缓下沉等，并反复进行这一过程。在整个过程中，如果轻轻地把手放在腹部上，用触觉辅助专注，也许会让我们更容易专注于呼吸，也就是让正念变得更加自然。另外，我们也可以根据自己的习惯和感受，灵活调节练习方式。在时间方面，我们也无须勉强自己，一开始只练习2~3分钟就足够了。我们要用最低的门槛，从小步慢跑开始。

正念呼吸的步骤：

- 将注意力持续地放在呼吸时起伏和下沉的腹部上，作为专注的中心对象。

- 不经意间，脑海中浮现出各种杂念，注意力开始被带走。

- 意识到自己已经偏离了中心对象后，温柔地将注意力带回到呼吸时缓缓起伏和下沉的腹部上。

呼吸包括"吸气"和"呼气"两个过程。通常在吸气的时候，我们身体的"红色神经"（加速器）会更活跃；而在呼气的时候，"绿色神经"和"蓝色神经"（刹车系统）则会被更好地激活。因此，如果希望自己更有行动力，可以在练习中稍微着重注意"吸气"；相反，如果希望自己更放松、稳定下来，则建议多关注"呼气"的过程。

此外，关于用鼻子呼吸还是用嘴巴呼吸，从激活"绿色神经"的角度来看，我们更推荐用鼻子呼吸。因为，口腔主要负责进食与说话，而呼吸的任务尽量交给鼻子来完成会更合适。而当我们处于"红色神经"主导的状态时，由于身体处于高压且需要大量氧气，往往会不自觉地改为张嘴呼吸。

而如果我们想顺利地进行鼻呼吸，就要注意日常对鼻腔的护理，比如进行鼻腔清洗。正如刷牙是保持口腔卫生的重要习惯一样，清洗鼻腔也是保护呼吸系统、预防外部异物进入身体的关键方式。关于鼻腔清洗的具体方法，本书后文也会做详细介绍。

在"多重迷走神经理论"中，我们将自然、温和、没有压力的呼吸称为"绿色呼吸"。相对地，如果我们在练习中不断想着"必须正确地呼吸""一定要练好呼吸"，那么这其实属于一种压力状态，我们可以称之为"红色呼吸"。

"绿色呼吸"是不带任何评判或功利心的，它只是一种专注于当下呼吸、温柔陪伴自己身体的行为。这就像是在心中轻声地问自己："我的鼻子、肺部、腹部，现在是如何运动的？"然后，我们带着好奇和关怀去观察。这样的状态就是在进行"呼吸的正念练习"，也就是在进行"绿色呼吸"。

有时候，当我们能够区分"红色呼吸"（不带觉察、急促紧绷）和"绿色呼吸"（带着觉察、柔和流畅）时，我们的身体其实就已经发生了良好的转变。

那么，现在就来试试，哪怕只是两分钟，也很好。请将注意力放到"此刻的空气流动"上，体验一下属于我们的"绿色呼吸"。

正念饮食

接下来要介绍的是"正念饮食"的练习。这是一种将注意力放在当下正在吃的食物和喝的饮品上的体验。我们要做的是一次又一次地将注意力聚焦在品尝的过程中。

正念饮食的步骤：

• 将注意力持续地放在口中正在品尝的食物或饮品上，以"味觉体验"为中心对象。

• 发现脑海中浮现出了其他念头，注意力已经偏离了中心对象。

• 觉察到这一点后，温柔地把注意力带回到"此刻正在品尝的味道"上，继续按照自己的节奏享受当下的进食过程。

在进食时，若能配合五感的使用，比如闻一闻食物的香气、轻轻触摸食材的质地，也许会让这顿饭更加充满仪式感，更容

易体验到正念的状态。

咀嚼这一动作尤其对于唤起"绿色神经系统"的反应具有重要意义。我们的"绿色神经"与下颌、咽喉密切相关，而当"绿色神经"活跃时，唾液的分泌也会变得更加丰富。而这种"绿色唾液"里，恰恰含有让食物变得更美味的成分。

虽然在"红色神经"或"蓝色神经"反应时，口腔也会分泌唾液，但其成分可能并不相同。当我们处在一个安全的环境中，与值得信赖的人一同进餐时，总会觉得饭菜特别可口，这其实正是身体和神经系统之间默契协作的结果。

多咀嚼，不仅能促进唾液和胃酸的分泌，也能帮助小肠更好地吸收营养。可以说，从肠道的角度来看，"认真地慢慢咀嚼"是一件值得感恩的事情。

而在"红色状态"下，由于身休正处于"应战"模式，我们往往会不由自主地狼吞虎咽，这会使胃肠道的运作变得迟缓，消化不良的风险也随之上升。相反，当我们处于"绿色状态"或"绿蓝混合态"时，胃肠的功能会变得更加活跃，帮助我们顺利吸收能量，为身体充电。

所以，"正念饮食"不仅对心理有益，对身体也是一种真正的滋养。当我们带着这种觉悟去吃饭时，也许会发现，食物的味道和心情的状态都悄然发生了变化。

此外，咀嚼是一种有节奏的行为。而节奏，正是激活"绿色神经"的重要通道。也就是说，当我们用心感受咀嚼的节奏、沉浸在它的律动中，并与节奏融为一体时，"绿色神经"便可能被悄然唤醒。

我们也可以试着嚼嚼口香糖。把咀嚼作为专注的对象，也是一种"正念"，是一种专注于"此时此刻的节奏感"的练习。

如果我们能在品尝味道的同时，把心交给"咀嚼的节奏"，那么将会更加自然地进入一种身心合一的、温柔而清明的状态。

正念步行

接下来我们要介绍"正念步行练习"。

我们可以把"此刻双脚踩在地面上的感觉"作为注意力的中心对象，并不断地把意识带到这一感受上。

如果能在散步的过程中，有意识地看看"此刻眼前的风景"，听听"此刻耳边的声音"，或者闻一闻"此刻空气中的气味"，也能让这段散步更具正念感，我们可能还会发现哪些地方踩上去特别舒服。

相反，如果边走路边低头想事情，或者一边看手机一边走路，这样的散步就很难称得上是"正念散步"了。

前文提到过咀嚼本身带有节奏，其实走路也是一样的。

我们也可以将"步伐的节奏"作为中心对象，比如默数"1、2、3、4，1、2、3、4……"，把注意力集中在这个节奏上；或者跟着我们喜欢的歌曲的节奏行走，甚至一边走一边哼着与当前步伐节奏相契合的旋律，这也能帮助我们更专注于步行这件事。

正念步行的步骤：

- 一边走路，一边专注地感受此刻脚下土地的触感。
- 当注意力不知不觉地被杂念带走时，及时觉察到这一点。
- 再次将注意力轻轻带回到"当下脚下的触感"上，按照自己的节奏继续走下去。

无论哪种方式，只要我们愿意反复练习，哪怕一时走神、注意力偏离了，也能再次把注意力带回"正在走路时的这一刻"，这就是一种很好的正念练习。

正念拉伸

接下来要介绍的是"正念拉伸"。这里的中心对象是此刻正在活动的"肌肉的感觉"。

> **正念拉伸的步骤：**
>
> - 轻轻活动身体，把注意力放在当下肌肉的感觉上。
> - 当意识不知不觉地被杂念带走时，及时觉察到这一点。
> - 觉察到自己走神了，再次把注意力温柔地带回到"此刻肌肉的感受"上。

这项练习的要点在于反复练习，一边拉伸身体，一边持续觉察自己的肌肉被拉开的那种感受。

如果我们闭上眼睛能更清楚地感受到"肌肉的延展感"，那就闭上眼睛也无妨。拉伸带来的舒适感，就是我们此刻需要专注感受的部分。

我们的肌肉遍布全身，脖子、肩膀、手臂、背部、臀部、大腿、小腿……我们可以依次拉伸这些部位，并将注意力集中在每一次"被拉伸的感觉"上，去试着感受、体验它。

将正念融入日常生活

到此，我们已经介绍了四种日常中可实践的"正念练习"——呼吸、饮食、步行和拉伸。这些都是我们日常生活中本就会进行的行为，因此相对容易尝试和融入。希望你在平时呼吸或用餐的时候，哪怕只是片刻，也能试着将心（意识）放在"此时此刻"的事物或动作上。

当我们反复进行这样的练习时，身体的"绿色神经"（代表安心和连接）便会渐渐变得更容易被激活。例如，当我们处于紧张或烦躁的状态时，也就是"红色神经"活跃的时候，若能有意识地去进行"正念呼吸"或"正念步行"，便可以更有效地逐步激活"绿色神经"。

换言之，正是在那些我们感到焦虑或烦乱的时刻，如果能够将注意力拉回到"此时此刻"的呼吸、食物或身体动作上，我们就有机会启动我们体内的"温和的刹车机制"，即"绿色神经"，从而慢慢引导自己回归平静与安定。

面、颈、舌、喉的练习

所谓的"绿色神经"，正式名称是"腹侧迷走神经复合体"，这个名称听起来有些冗长，但我们可以将其分为两个部分来理解："腹侧迷走神经"和"复合体"。

而所谓"复合体"，指的是它并不是单一的一根神经，而是与其他神经协同运作的一整套神经系统。具体来说，"绿色神经"是由腹侧迷走神经、面神经、舌咽神经、副神经和三叉神经等共同构成的。可以简单理解为：它不仅仅调控心脏跳动与呼吸节奏的平稳，还与面部表情、颈部姿势、舌头活动、喉咙发声等身体功能紧密相关。

换句话说，我们的脸部、脖子、舌头、喉咙等区域处于自然舒展、放松活跃的状态时，也能带动心脏节律的平稳——这就是"绿色神经"在起作用。正因为如此，如果我们希望激活"绿色神经"，恢复身体的平静状态，那么从这些与"绿色神经"密切相关的部位及身体功能（比如脸部肌肉、发声方式、吞咽动作等）着手，将会是一种非常有效的方式。

那么接下来，我们将进一步介绍几种可以帮助唤起"绿色神经"的小技巧和实践方法，方便大家在日常生活中使用。

面部口型操

福冈"未来诊所"的院长今井一彰先生设计了一套非常简单又实用的面部口型操——"a、i、u、be 操"。

这项练习最初是为了帮助人们将"口呼吸"自然地转换成"鼻呼吸"而设计的。但它的好处远不止如此，对于放松面部、激活"绿色神经"也起到很大的作用。

它的做法非常简单，只需要依次重复以下四个动作即可（见图 4-3）。不需要发出声音，即使只是默念，也同样有效。

面部口型操的步骤：

1. "a"——尽可能地张大嘴巴，像在发"啊……"的音。

2. "i"——用力把嘴角向左右拉开，就像咧嘴大笑一样，发出"咿……"的音。

3. "u"——双唇用力向前突出，就像吹气时的"呜……"的口型。

4. "be"——把舌头尽量往外、往下伸出来，就像顽皮地做鬼脸一样，可以轻轻发出"呗……"音。

　　将上述四个步骤作为一组动作，坚持每天练习 30 组。

　　实际去做一做就会发现，这个体操尤其能够刺激脸部和舌头的活动。

　　除了这段面部口型操，我们也可以尝试做"像吃了青梅一样酸酸的表情""吐舌头做鬼脸""瞪眼比赛""搞怪表情对决"等有趣的游戏去刺激面部表情。

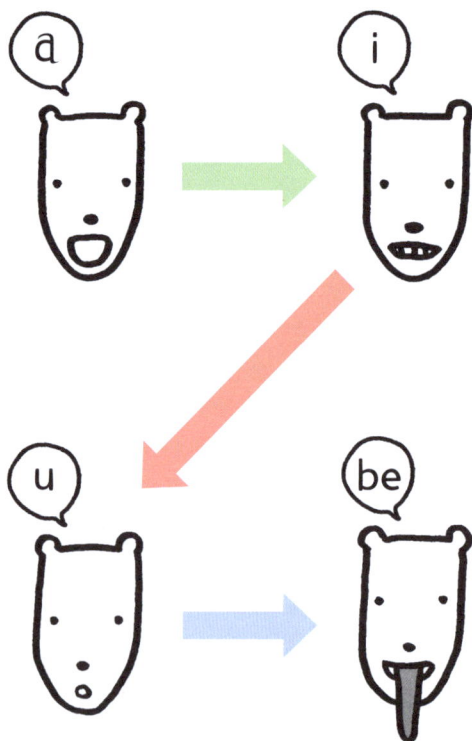

图 4-3　面部口型操

由于"绿色神经"的关键词是"安心与连接",所以如果能和让自己感到安心的人一起做这些,效果可能会更好。

另外,更神奇的是,即使只是看着正在做这些表情的人(不论是照片还是视频),也能对我们产生积极的影响。

鼻腔冲洗、喉咙冲洗和刷牙

在护理鼻腔方面,有一个非常值得推荐的方法,那就是"鼻腔冲洗"。

从专业角度来看,鼻腔冲洗的主要目的是清洁上咽喉部(即鼻腔与喉咙之间、鼻子的深处)。这一部位被认为是与"绿色神经"密切相关的重要区域。

研究表明,如果上咽喉部发生炎症,可能会增加患上多种疾病的风险。换句话说,定期护理上咽喉部,有可能帮助缓解多种身心不适,让身体更容易进入"绿色状态"。

除了鼻腔冲洗,仰头漱口时的喉咙冲洗,也是一个能刺激"绿色神经"的简单方法。刷牙同样不容忽视,它不仅是口腔清洁的重要习惯,也能间接调节副交感神经系统,有助于激活"绿色神经"。

建议将鼻腔冲洗、喉咙冲洗、刷牙作为每天的"基础保养三件套",并坚持下来,为激活"绿色神经"打下良好的身体基础。

给予面部刺激

"绿色神经"（即腹侧迷走神经复合体）主要分布在面部及上半身区域。因此，想要激活"绿色神经"，刺激面部是一种非常有效的方式。

说到面部，其实包含了许多具体部位，比如眼睛、耳朵、脸颊、嘴唇，甚至还可以扩展到脖子、锁骨附近等区域。

而所谓"刺激"，并不意味着强烈的刺激，而是一系列温柔的动作，如轻轻触摸、轻压、抚摸、揉一揉、轻轻捏一捏、用指尖轻敲。除此之外，我们也可以使用温热毛巾或冷毛巾交替轻拭面部，借由冷热变化带来温和舒服的刺激。

我们可以将这些刺激方式与不同的面部区域自由组合，尝试看看哪种组合最让人感觉放松与舒服。比如，我们可以尝试轻敲眉毛上方、眉间、眼角、眼下（鼻翼旁）、鼻下、人中、太阳穴、下唇下方、下巴等部位。而且有时候，只是简单地轻轻一触，就会产生意想不到的效果。

因为面部布满神经元，每个人的感受点也可能不同，所以一定要尝试探索属于自己的放松方法。最好一边尝试，一边想象你正在对皮肤深处的"绿色神经"温柔地倾诉："辛苦了，谢谢你。"如果此时能感受到舒服、放松、温和的感觉，那么就说明"绿色神经"已经在开始回应了。

在这里我并没有提供"标准的'绿色神经'激活法",而是鼓励我们去自由尝试。大家是否能理解这种写法背后的用意呢？不妨回顾一下本书的序章。

绿色的"动态平衡"

根据提出"多重迷走神经理论"的波格斯博士的研究，当腹侧迷走神经处于活跃状态时，心脏的跳动并不是完全规律的，而是伴有微妙的波动，这是一种被称为"健康的节律变化"的状态。也就是说，心跳有时稍快、有时稍慢，这种略带起伏的节奏反而更符合健康状态。

受此启发，"多重语"中有这样一种表达方式，即"适度地变红（战斗状态）与适度地变蓝（休息状态），正是健康的体现"。换句话说，我们不需要刻意追求"非红即蓝"的二选一，"红色状态"与"蓝色状态"的交替，反而能自然而然地引出"绿色状态"（安心、连接）。

从这个逻辑进一步延伸出一种观点，即当我们既重视 A 也重视 B 的时候，就更容易进入"绿色状态"。而当我们处于"绿色状态"时，反过来也更容易理解 A 和 B 两者的重要性。

相对而言，当一个人缺乏"绿色神经系统"，只剩下"红色神经系统"与"蓝色神经系统"不断切换时，就容易陷入"做还是不做？动还是不动？进还是退？生还是死？"这样的二元对立之中，这其实正是自主神经系统处于"蓝红拉扯"的状态，却并非性格问题。

而"绿色状态"则是一种超越对立、涵容多元的状态，就像之前提到的"混合态"概念那样，我们可以称其为"绿红混合态"或"绿蓝混合态"。

这正如我们在"正念三角形"的练习中学到的：设定一个"当下的中心对象"（如呼吸、步伐、咀嚼等）；意识被其他念头吸引而偏离中心；觉察到偏离后，再温柔地把注意力拉回到中心目标上。在这个过程中，"偏离—觉察—回归"本身就是一种动态的"绿色神经活动"。

因此，绿色并非代表静止状态，而是象征着一种流动的状态：它不是极端的沉静，而是能包容"想做也可以，不做也没关系"的弹性状态。这也就解释了，当我们能接受"做一点、歇一会儿""视情况而定"这样的节奏时，实际上我们的行动模式正是由"绿色神经"主导的。而在这种状态下产生的"红色状态"，我们称为"绿红混合态"；产生的"蓝色状态"，我们称为"绿蓝混合态"。

你是否也逐渐体会到这种往返式、弹性摇摆的节奏感了呢？接下来，我们就来介绍几个顺应这种"绿色神经"的波动感的小练习。

甩手功

"甩手功"是一种源自中国的传统健康体操，其特点是像抛洒一样甩动双臂。这一简单动作却蕴含着调节身心状态、激活副交感神经的力量。以下介绍三种基本的甩手功练习，如图4-4所示。

左右

上下

前后

图 4-4　甩手功

◆ 东方医学中的"上虚下实"

在东方医学中，有一个重要的身体观念叫"上虚下实"，意思是上半身要放松无力，下半身要稳稳扎根、充满力量。当我们能够维持"上虚下实"的身体状态时，就更容易发挥出人类本有的身心协调力。而甩手功，正是帮助我们实现这种状态的有效方法。

特别是甩手功属于"左右、上下、前后"的三维摆动运动。当我们反复练习这些摆动动作时，身心便进入自然的摇摆状态，"绿色神经"也在不知不觉中被激活，从而使我们得以放松与恢复。

◆ 左右甩手

双脚比肩稍宽，自然站立，膝盖微屈，全身放松，目视前方。以骨盆为轴心，左右缓缓旋转身体。

放松双臂，不用出力，让手臂随着身体的转动自然摆动，像玩具"拨浪鼓"一样，手臂自动甩向身体两侧。

注意，不是刻意地甩手，而是让手臂随着身体旋转的余力自然摆动，感受那种"被带动"的松弛感。

如果感到头晕或不适，请立刻停止练习。反之，如果感觉愉快，可持续几分钟。熟练后可以开始觉察脚底与地面的接触感、膝盖的松弛感等身体细节的变化。

◆ 上下甩手

双脚与肩同宽，膝盖微屈放松。面朝前方，双臂向前举至肩高，然后完全放松，任由手臂在重力作用下自然下垂。

随着手臂下落的惯性，手臂会甩至身体后方。再顺势抬起手臂至肩高，反复进行上述动作。

注意保持整个动作流畅、柔和，不勉强、不费力，尤其要体会手臂下垂时的放松感。

上下甩手时，我们同样可以关注足底触地感和膝关节的松弛程度，从中发现身体微妙的变化与舒适感。

◆ 前后甩手

双脚与肩同宽，膝盖微屈，身体放松，目视前方。双臂左右交替向前伸出，像是向远方传递什么。

将手臂抬至胸口高度，尽可能向前延伸，体会肋骨区域的舒展与松弛。

做动作时不要带动骨盆，而是像"用肋骨带动双手"一样，面部始终朝正前方。

做前后甩手时，以舒适为主，体会手臂自然晃动、上身松弛、下盘稳定的感觉。

通过以上三种练习，不仅能够放松紧绷的身体、恢复自然呼吸、缓解焦虑与疲惫，还能一步步地把身体从"红色状态"

引导到"绿色状态"。重点不在于做得多标准，而是做起来舒服、自然。

● 从上到下、从左到右、从前到后的联想

除了甩手功，我们也可以以"左右、上下、前后"这些关键词为线索，尝试探索能促进"绿色神经"反应的动作。瑜伽、各类体操或伸展运动中也存在许多类似的形式。当然，我们也可以自己动手试一试，寻找最适合自己的、让身体感到舒服的律动。

不过要再次强调一个非常重要的原则：不要执着于"该怎么做才正确"这种说明书式的思维。例如，如果在紧张的"红色状态"下非常努力地去做甩手功，其实是很难让自己进入"绿色状态"的。

相反，如果我们感到舒服、觉得惬意，就可以持续练习；如果身体传递出哪怕一丝不适，也请不要勉强自己。请一定不必拘泥于标准动作的正确性、准确性，而是以一种观察者的心态去体会："现在我的身体觉得舒服吗？""有没有可能这样动一动会更舒服一些？"

带着这种观察的态度，在"绿红混合态"中自在地享受身体的运动与舒展才是最重要的。

● 紧张与松弛的"动态平衡"

除了"左右、上下、前后"的往复动作，"紧张与放松之间的来回切换"也是激活"绿色神经"的关键。有一种名为"肌肉弛缓法"的放松技巧（见图 4-5），就是基于这个原理发展出来的。

图 4-5　肌肉弛缓法

肌肉有一个特点，就是越是想让它直接放松，反而越难做到。但如果先主动地让肌肉紧张起来，再突然放松，就更容易让身体真正"松"下来。这正是肌肉放松法的核心。

我们在临床中经常会使用一种针对上半身的快速肌肉放松法，它是由松原秀树先生（前日本心理健康中心综合咨询室主任）开发的。这种方法简单有效，操作方法如下：

1）双臂伸出，紧握拳头，感受前臂的肌肉在用力。

2）弯曲手肘，将拳头靠近肩膀，感受上臂的紧张。

3）继续保持姿势，将肩膀耸起，注意肩部肌肉的紧绷。

4）在耸肩的状态下，展开胸部，将拳头左右打开，同时抬头看向上方，感受颈后部的紧张感。

5）此时，上半身的主要肌肉——手臂、肩膀、脖子、背部等都处于紧绷状态，请有意识地去察觉这些紧张感。

6）保持紧张状态 3~5 秒，然后一下子放松下来，彻底松弛肌肉。此时请专注于放松过程中肌肉的变化，可能会有变暖、刺刺麻麻、酥酥软软等各种感受。

从紧张到放松的这个过程，可以尝试重复几次。通过这样的往复体验，我们将能更好地体会到，在"适度的紧张"与"适度的放松"之间来回摆动的过程，其实这也是激发"绿色反应"的重要机制。

其实我们所熟知的瑜伽等各种方法中，也常常使用"紧张—放松"的循环机制。我们可以这样理解：紧张是红色，放松是蓝色，而来回切换的过程则是在激发绿色的反应。

为了呵护和唤醒我们自身的"绿色神经"，不妨试着创造属于自己的"紧张与放松的摇摆练习"吧。

看见、听见、体验"动态平衡"

此外，看见、听见或体验"摇曳不定的事物"，也被认为是激活"绿色神经"的一种有效方式。所谓的"摇曳"，可以理解为存在于自然现象中的律动。例如，海浪轻轻拍打海岸、树叶随风轻轻摆动、水面上太阳（月亮）反射出的粼粼波光、蜡烛那跳跃的火焰等，这些都是大自然中常见的"摇曳现象"。

当然，如果是太剧烈的晃动，反而会让我们的身体进入"红色状态"，但如果持续注视如微风中树叶轻轻晃动等温和的摇曳，就更可能会使身体进入"绿色状态"。

聆听摇曳的声音也可以是一个进入"绿色状态"的契机。例如，流水声、瀑布声、篝火中柴燃烧的噼啪声、下雨声等，这些来自自然界的温柔节奏，很容易将我们的身心引向"绿色状态"。

还有某些乐器的音色，也会引发"绿色神经"的反应。比如，小提琴那种略带震颤的音色，就会给我们带来一种舒缓的感觉。一些乐器，如手碟或拇指琴，也因其特殊的声音律动，让不少人感到身心放松、情绪稳定。

不仅仅是这类"疗愈系"的声音，一些能够引导人进入"恍惚"状态的乐器也存在于世界各地。我们也可以去不断地探索与研究，看看哪种音色能唤醒自己内在的"绿色状态"。

激活"绿色神经"的有效方式也不仅限于视觉与听觉上感受"摇曳"，能够亲身体验"摇曳"也非常有效。比如，在水中抱着救生圈任由海浪轻轻摇晃身体；又或者，如果你会骑马，在马背上慢步前行，身体随着节奏自然起伏，此时也很容易进入"绿色神经"主导的反应状态。

婴儿被处于"绿色状态"的大人抱着轻轻摇晃时，也常常能一同进入"绿色状态"。这再次印证了"绿色状态"是可以互相"传递"与"感染"的。

总之，当我们观看、聆听或体验大自然中这些温和的摇曳时，身体也会逐渐被调节到"绿色状态"。有时候我们会说："那种感觉，好想可以一直看下去。""这声音听多久都不会腻。"这些感觉恰恰证明"绿色反应"正在发生。

抚触的功效

在如何激活"绿色神经"这一部分的最后，我还要来介绍一种非常重要的方法——抚触。

如前所述，当我们感受到安全与安心时，"绿色神经"会被激活。而这种安全感的原型，很可能就是婴儿被照护者抱在怀中时那种"被守护着"的体验。也就是说，肌肤与肌肤温柔接触的那一刻，正是"绿色神经"活跃的关键时刻。

在"多重语"的语境中，能让对方进入"绿色状态"的抚触被称为"绿色之手"，而那些会让对方进入"红色状态"或"蓝色状态"的触碰，则被称为"红色之手"。只要轻轻触碰一个人，你往往就能感知到他们的神经系统在当下处于怎样的状态。

我们可以去试着研究一下，什么样的手、什么样的触感最能让对方进入"绿色状态"。像"神经矫正""矫正疗愈"（详见第六章）等方法中，也非常重视"抚触的力量"。

在临床工作中，我常会引导患者进行"自我抚触"。例如，我会让患者在讲话时轻柔地触碰自己的身体。有趣的是，当他们讲到某些引发"红色反应"的话题时，手部动作会突然变快；而当他们谈及引发"蓝色反应"的内容时，手会停住或离开身体。这时，我会温和地提醒患者："啊，手又停住了。"这会帮助他们重新将注意力放回到身体上，再次用手抚慰自己，而这时，"绿色神经"往往就会慢慢恢复活性。

正因如此，在医疗现场，我也非常重视"自我抚触"这一行为。如果你对此感兴趣，推荐你阅读中川礼子老师的《大家的自我抚触法》，我也经常向患者推荐这本书。

所谓"抚触"，并不是只有一种方式：它可以是轻轻地将手放在身体的某个部位；也可以是缓慢地来回抚摸；用手掌的温度温暖身体；用双手轻柔地包裹身体；轻轻地握住、揉捏、摇晃，或是用指尖轻拍；等等。其中，"轻拍"是一种非常实用的方式，比如在胸口、手臂或大腿上轻轻敲击，节奏稳定且不带攻击性，这也是一种能够安抚情绪的有效抚触方法。

我们可以自由尝试这些不同的抚触方式。如果某一种方式让自己感到舒服、安心、温柔、自在，那很可能就是最适合自己此刻身体状态的抚触方式。

下面我还会为大家介绍三种非常简单而有效的"自我抚触法"。

合掌

这应该是大多数人都曾做过的一种动作。比如在祈祷时、祈愿逝者安息时，我们会自然而然地将双手合十。在这里，我们想邀请你将注意力放在双手相触时的感觉上。

你是否能用右手感受到左手的温度？又是否能用左手感受到右手的温度？那种温热的触感是否让你感到舒服？

双手合十时的位置也会影响身体的感觉，是放在胸前比较舒服，还是稍微往下，或者稍微往上一点更合适？身体与双手之间的距离多近会让自己觉得更安心？我们可以慢慢去探索，找到属于自己最舒服的双手合十的位置。

当我们找到了那个"刚刚好"的姿势后，保持住，静静地去感受两只手之间的触感与温度，去体会它带给身体的变化。如果发现自己的身体变得平静、放松、柔和，那就可以认为这是"绿色神经"在悄然回应你。

一旦找到了适合自己的合掌姿势，不妨把它融入日常生活，例如，在吃饭前后、入睡前、工作开始或结束时都可以轻轻地合掌。如果每次合掌都能带来一种"嗯，挺好"的感觉，那就让它成为我们生活中的小仪式，成为滋养神经系统的日常练习。

● 自我拥抱

推荐大家尝试一种叫"自我拥抱"的方法。具体做法是：将右手轻轻放在左肩上，同时用左手放在右肩上，像拥抱别人一样，温柔地把自己抱在怀里，如图 4-6 所示。

你可以慢慢地调节手部触摸身体的位置，去找一找触摸哪里让自己觉得最舒服。是肩膀上方，还是肩膀和手臂的连接处？是上臂、肘部，还是锁骨附近？都可以试一试。也可以尝试用腋下夹住双手，这时连"夹的力道"也可以调节一下，稍微用力一点或轻柔地包裹，看看哪一种触感对自己来说最舒服、最安心。

图 4-6　自我拥抱

一般来说，当身体处于"红色状态"时，较有力道的拥抱或触碰可能会带来更多的安全感。而当身体处于"蓝色状态"时，轻柔的触碰往往更能让人放松。你可以带着敏锐的观察力，一边尝试一边观察自己的反应。如果你发现闭上眼睛更能专注于身体的触感，那就闭上眼睛来做这个练习也没关系。

如同前文介绍"正念三角形"时所说，请把正在触摸的感觉当作你的中心对象，即便注意力一不小心又飘走了也没有关系，温柔地把它带回来就好，再一次把意识放在自己身体正在被触摸的地方，让自己慢慢沉入那份温柔与安定。

此外，还有一个叫作"蝴蝶拥抱"的方法，我也很推荐大家尝试。

与"自我拥抱"中以持续性的接触为主不同，"蝴蝶拥抱"更像是蝴蝶拍翅那样轻轻拍打的动作。具体做法是，双手交叉放在胸前，分别落在两侧的肩膀或上臂上，然后像蝴蝶扇动翅膀一样，左右交替、节奏缓和地进行拍打。我们可以用指尖轻轻点拍，也可以用整个手掌温柔地敲打。拍打的位置可以固定，也可以轻微变换，看哪一种最能让你感觉安心。拍打的速度、强度、节奏也都可以自己调节。

去试试看不同的组合，找出属于自己的那种"刚刚好的蝴蝶拍打节奏"吧。如果你尝试了几次、几分钟，感受到一种说不出的平静、稳定、安心的身体感觉，那就说明"绿色神经"

已经开始响应了。

头部抚触

自主神经是连接大脑与各个内脏器官的重要神经网络。虽然我们无法直接用手去触碰自主神经本身，但如果能在靠近的地方给予温柔的触感刺激，对它们来说，已经是一种支持和慰藉了。

而头部是自主神经密集分布的区域，因此我们可以试着在头部不同部位进行轻柔的抚触。

在进行这些"头部抚触"时，不妨将注意力放在手掌的温度和与肌肤接触的细微感觉上。你也可以试着想象，自己的掌心正散发出温暖而柔和的能量，并且正在慢慢传递给你的神经系统。

◆ 试试轻轻地触碰额头

可以用双手，也可以只用一只手。如果选择单手，更容易让整个手掌贴合在额头上，感觉会更加柔软、自然。有没有注意到，我们在确认一个人是否发烧时，会本能地将手掌贴在额头上？那份熟悉的触感，其实就能唤起身体的安全感。试着将那样的抚触延续几分钟，静静地体会一下这份温柔，你可能会发现身体悄悄地放松了下来。

◆ 头顶的抚触也值得一试

可以把一只手（例如左手）贴在头顶，然后把另一只手（右手）叠放在上面，像是给予自己双重的包裹感。感受两只手之间的能量传递，以及手掌与头皮之间的温暖连接。如果觉得另一只手在下面更舒服，可随意调节方向。关键是找到自己现在觉得最舒服的位置。

◆ 后脑勺的抚触同样非常放松

可以双手一起，也可以只用一只手。如果用双手，可以像刚才一样叠放，或者左右同时覆盖住后脑勺。有些人发现，在触摸后脑勺时，手掌轻轻地描绘出"∞"（无限大）的符号轨迹，会带来特别的舒适感。如果你愿意，也可以一边描绘这个符号，一边在心中想象：脑袋的疲劳正在一点点被化解和释放出去。这不仅是一种身体的按摩，更像是一场神经层面的小休息。

◆ 别忘了头颈交界处

这里的神经特别丰富。我们常说"压力大就会感觉脖子僵硬"，其实这里确实是神经通行的枢纽。轻轻地将双手放在脖子和头连接的区域，无须太用力，只要安静地贴合，就能带来深层次的放松感。

　　如果愿意，你也可以一边触碰，一边默默地对自己的神经说声"谢谢"。感谢它们每天默默为你调节心跳、呼吸与节奏，帮你应对各种挑战。当你带着这种"心怀感激"的态度去触碰自己时，"绿色神经"也许会悄悄回应你，给予你片刻的安心与柔和的回馈。

和同伴一起激活 "绿色神经"

到目前为止，我们主要介绍的是如何通过自我调节来激活 "绿色神经系统"。但在这一部分的结尾，我还想为大家补充介绍一个非常关键的视角：与他人在一起时，我们也能很好地激活 "绿色神经"。

为了说明这一点，我们不妨从婴儿谈起，了解他们的三色神经系统到底是如何逐步发育起来的。

有一个经典观点被称为 "复演说"，其核心思想是：个体的发育过程会重复整个物种的进化历程。也就是说，哺乳动物在漫长的演化过程中所经历的阶段——从鱼类到两栖类，再到爬行类，最后进化为鸟类或哺乳类，会以某种 "缩略版" 的形式，在胎儿的发育过程中重新上演。

换句话说，人类在妈妈的子宫里逐渐成长的过程，仿佛在重复整个哺乳动物进化史。胎儿最初的形态像极了鱼，随后逐渐呈现出两栖类和爬行动物的特征，最后才展现出哺乳动物，也就是 "人" 的模样。

如果稍加推理，这也意味着"绿色神经"的形成很可能并非人类天生具备，而是在"社会性的发展"中一点点建立起来的。

正因如此，我们接下来要谈论的重点是"绿色神经"的活性化不只是"一个人静静地调节自己"的过程，更是通过人与人之间的连接与互动而被点亮、被滋养的生命体验。

蓝色 → 红色 → 绿色的自主神经发育顺序

在上述观点的基础上，我们进一步来说明自主神经系统的发育过程。

根据"多重迷走神经理论"，人类的神经系统大致按照这样的顺序发育：最先是"蓝色神经"开始形成，接着是"红色神经"的发育，而到了出生前夕，"绿色神经"才逐步进入发育阶段。

令人惊讶的是，婴儿在出生时，其"绿色神经系统"其实尚未完全发育成熟。也就是说，人类并不是天生就具备能带来"安全感"的神经基础，而是必须通过出生后与母亲或照护者的互动，慢慢体会到安全与安心，这才促使"绿色神经"的逐步成长。

不仅如此，这三种颜色代表的神经，不论是"红色神经""蓝色神经"还是"绿色神经"，并非只在儿童期发育，在人的一生中，它们都始终处于"可塑性"的持续发育中。随着孩子逐步适应社会生活，他们的心理成长伴随着身体层面的神经发展，而其中"绿色神经"的发展尤为关键，应被特别关注与重视。

在"多重迷走神经理论"提出之前，我们对自主神经系统的理解大多停留在两个维度上，即"交感神经"（代表战斗或逃跑）与"副交感神经"（代表休息和放松）之间的平衡。这种理解主要围绕"个体内部"展开的调节模型。

但自从"多重迷走神经理论"强调了"腹侧迷走神经复合体"（即"绿色神经"）之后，我们逐渐意识到，神经系统的调节不只是个人内部的运作，更包括人与人之间的互动模式。正因如此，"绿色神经"也被称为"社会性神经系统"，它强调的是个体与个体之间如何通过关系达成神经的同步与调节，这正是这一理论的核心特征。

让我们以一个生活中的真实例子来理解这一过程。例如，一个婴儿被突然的巨响吓到了，大哭不止。这时，他的"红色神经"（或者是"蓝红混合态"）被激活，表现为呼吸急促、心跳加快。这时，妈妈注意到了后会立刻说："哎呀，怎么啦？吓到了？"她会将孩子抱在怀里，身体轻轻左右摇晃。随着时间的推移，妈妈语速放缓、语调变柔，"没事啦，已经没事啦"，摇晃的节奏也逐渐缓慢。此时，妈妈正在为这个孩子营造出一个

"绿色神经"被激活的安全场域。

这套行为模式，有一部分是出于本能的反应，而不是有意设计的技巧。这就仿佛母亲体内的"绿色神经"启动之后，也通过怀抱、语音、动作传递给孩子，唤醒了孩子的"绿色神经"。

在我们的研究领域，也把这种现象称为"协同调节"，即照护者与婴儿并不是各自独立地调节神经系统，而是在互动中彼此调节并达成同步。你也可以想象成婴儿的"绿色神经"像一株幼苗，在母亲的"绿色神经"大树的滋养下，一点点茁壮成长。

主客场间的"钟摆"

接下来，我们来解释 下图 4-7 表达的含义。

图 4-7 中最左侧表示的是处于"安全基地"状态的个体。而所谓的安全基地，就是指对某人而言可以完全安心、无须战斗或逃离的空间，在那里可以维持"绿色神经"主导的状态。

在接近安全基地的范围内进行活动，往往可以认为是以"绿色"占比较多的"绿红混合态"在发挥作用。因为知道可以随时返回安全基地，所以个体在这样的状态下能够积极主动、自由而有主体性地开展活动。换句话说，处于"绿红混合态"时，个体往往正开展带有探索性、游戏性、创造性、好奇心的

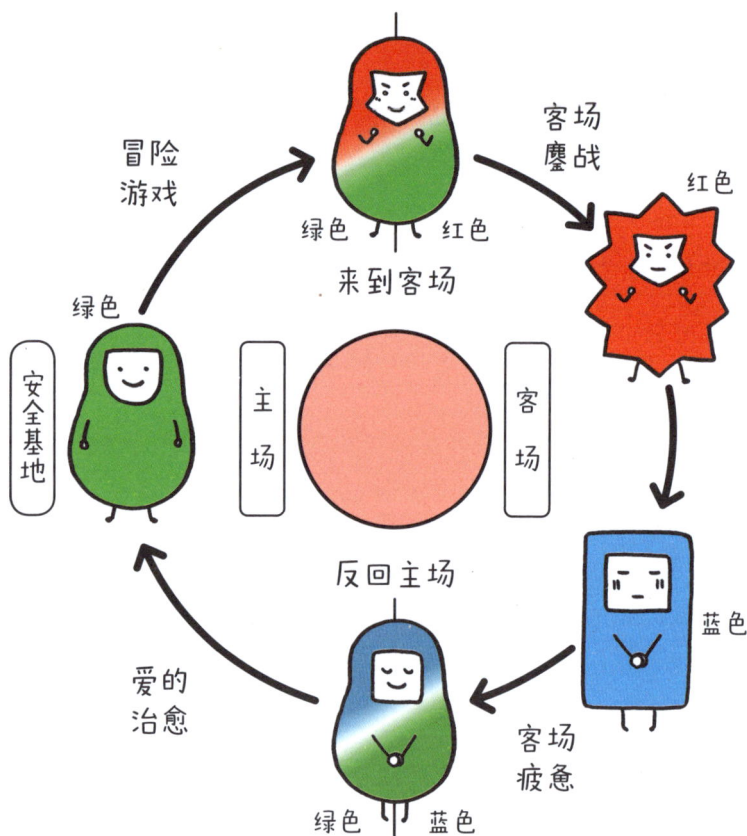

图 4-7 在"主场"与"客场"之间自在往返

行动。

而当逐渐远离安全基地时，个体的安全感、安心感也会随之下降，活动过程中遭遇"意料之外"的可能性也会增加，这时候"绿色"的占比逐渐减少，"红色神经"的活动性相对增强。而这种状态可以用"从主场走向客场"的感受来形容。

当在"客场"遭遇到更高的危险或挑战时，"红色神经"会进一步反应，个体可能会尝试主动战斗或逃离当前情境，试图重新回到安全基地。这是一种神经系统的生理性应对机制。但往往有些时候，当身体或神经系统判断"'红色神经'也无法应对"时，身体就会切换到"蓝色神经"主导的状态。个体会暂时停下来以保存能量，进入类似"等待外界救援"或"低能耗充电"的状态。

从这样的"客场"回归到自己的"主场安全基地"（例如，家庭的怀抱、亲密关系或自我熟悉的空间）之后，个体会慢慢平静下来，逐渐进入"绿蓝混合态"，意识也会重新聚焦在当下此刻的中心对象。

在安全基地中，被家人、朋友守护与包容时，即使个体处于低落的"蓝色状态"，也不会被否定；即使处于亢奋的"红色状态"，也不会被批评，而是能被温柔地接纳，如同听见了这样的声音："你已经很努力了。来，我们先一起做点轻松的事。"

在这样的环境中，"绿色神经"被悄然唤醒，并逐渐增强。

个体会在不知不觉中从"红色状态"或"蓝色状态"慢慢过渡到"绿蓝混合态"或"绿红混合态"。也就是说，通过安全基地的氛围与"神经波长"的共振，身体的状态得到了有效的协同调节。

你是否也感受到了图 4-7 背后所传达的意义了？

同伴之间的协同调节作用

前文中，我们提到过婴儿时期的"协同调节"的实例。即使孩子逐渐长大，学会走路，甚至可以一个人出门，这种"调节关系"依然存在。

当孩子们准备去学校时，他们充满活力地宣告"我出门啦"，或者放学后与朋友们外出玩耍，可能会在公园不慎摔倒受伤、被邻家叔叔责备，甚至与朋友发生争执……总之，人生总是充满了各种意想不到的状况。

在这些关键时刻，孩子的神经系统可能会进入"红色状态"或"蓝色状态"，他们努力寻找安全感和内心的安宁。无论是受伤时的疼痛、被责骂后的沮丧，还是吵架后的烦躁，这些都是孩子的神经系统处于"红色状态"或"蓝色状态"的外在表现。随后，孩子会返回到"家"这个安全的避风港。

家人会为孩子温柔地包扎伤口、给予安慰，或者对孩子说："来，一起洗个澡吧。""肚子饿了吧？我们一起吃饭吧。"这些来自家人的邀请和关怀，正是在激活"绿色神经"的过程中对孩子的爱的治愈。慢慢地，孩子心中那股焦躁不安，就会渐渐地被象征着平和安宁的"绿色"取代。

通过反复经历家庭环境中的调节过程，孩子们逐渐培养出自我调节情绪和身心状态的能力。

进入青春期甚至成年后，这种成长过程仍在继续。最初，父母或家庭成员提供支持性的"协同调节"；随着孩子的成长，老师、朋友、前辈、后辈以及兴趣班的教师或教练等，都可能成为新的"安全依附"来源。正是这些人在孩子周围构建了充满安全感的环境，才促进了孩子的"绿色神经"的发展。

在这些人的陪伴下，孩子们逐渐学会与处于"绿色状态"的人共处、共同行动。这种温暖的影响悄无声息地渗透进他们的生活。他们可能不会时刻意识到这些人在身边守护着自己，但在内心深处，他们能感受到："只要我向他求助，他一定会鼓励我、支持我。"这种"可预期的支持感"，正是"绿色神经"发育的关键因素。

神经的自我调节

进入青春期或成年期后，人们通常面临一个重要的心理课题——从父母的管束中实现独立。当然，对这一阶段的年轻人而言，心理独立固然重要，但本书更希望读者理解的是一种

"神经层面的独立"，即所谓的"自我调节能力"。

结合本书前文的脉络，我们可以理解为个体通过反复经历"协同调节"的过程，逐渐发展出"自我调节"的能力。

特别是在儿童时期，个体往往难以独自将处于"红色状态"或"蓝色状态"的神经系统调节至"绿色状态"。这时，如果身边有值得信赖的成人或同伴，他们便能帮助孩子在互动中逐步恢复稳定，从而慢慢学会自己去调节神经状态，凭借自己的力量将神经系统带回到"绿色状态"。

步入社会后，这一机制依然适用。当上司、同事、前辈或后辈能够以"绿色状态"与人相处时，或是当工作环境本身能激发人们的安全感与安心感时，这些都有助于促进神经的"协同调节"，进而提升每个人的自我调节能力。

然而，若工作环境发生变化，人们可能会暂时回到"红色状态"或"蓝色状态"。此时，如果在工作之外也有多个能让自己激发"绿色神经"的小群体，那么即便面对职场的不稳定，我们也不会陷入过度的失衡状态。尤其当我们在组织中担任管理或协调角色时，能否用"多重语"的视角来观察自己与他人的神经状态，并据此做出适当调节，就变得格外重要。

从这一视角来看，个体的独立或人际关系的发展，不仅仅是心理或社会行为的成长，更是神经调节能力成长、发展的一部分，这一理解方式或许也能为我们带来更多新的启示。

与能让自己安心的人一起激活"绿色神经"

本章中，我们围绕如何激活"绿色神经"这一主题，从多个角度进行了解释和说明。除了通过自我调节来促进"绿色神经"的活跃，我还特别强调了如何与他人一起实现"协同调节"。也就是说，当我们和让自己感到安心、放松的人共度时光时，这种陪伴本身就有助于激发自己体内的"绿色反应"。

那么，对你而言，谁是那个"让人感到安心的人"呢？谁能让你产生"这里是安全的"感觉呢？

或许，是那个不需要与你竞争的人；那个不会轻易批判或否定你，而愿意理解并接纳原本的你的人；那个不会只用父母、子女、老师、学生、主管、下属等角色来定义你，而是看见你这个"人"本身的人。换句话说，是那个不会用种族、性别、疾病或偏见来贴标签，而是真诚理解你、尊重你的存在的人。

不妨试着给这样的人打个电话，聊聊近况；或者写封信、发条信息，重新建立那份温暖的联系；也可以见面聊聊，聊些有趣的话题，聊聊让人心头一暖的旧日趣事。

你也可以回忆起他们曾给予你的某些话语，那些在你低落时给予鼓励与力量的语言。如果你还保存着他们送的照片、明信片、信件或留言卡，不妨重新拿出来看看，重温那一刻所带来的宁静和温柔。

当你因为这些人与记忆而感到内心平静、身体轻松时，这正是你体内的"绿色神经"被唤醒的信号。

至此，我们已经介绍了多种激活"绿色神经"的方法。不论是"自我调节"，还是借助他人"协同调节"，都同样重要。

如果你愿意将这些自我调节的方法与信赖的人一同实践，可能还会收获意想不到的效果。

本 章 小 结

- 通过愉悦五感，唤醒"绿色反应"。温和、舒适的视觉、听觉、嗅觉、味觉与触觉体验，有助于激活身体的"绿色反应"。

- "正念"的本质是全神贯注于当下的事物。所谓"正念"，是指将注意力投入到眼前正在进行的事物上，不评判、不逃避，只是全然地感受与陪伴。

- 允许杂念出现，关键是温柔地再次"回到当下"。选择一个当下的"中心对象"，即使注意力偏离，也无须苛责，只要温和地带自己回到那个中心对象上，"回归"的过程本身就是一种调节训练。

- "绿色神经"集中分布于面部与上半身，适当刺激这些部位有助于调节与放松。面部口型操、合掌、抚触、鼻腔冲洗等有助于促进"绿色神经"活跃。

- "摇摆"是"绿色神经"的关键词，试着开发适合自己的调节动作。左右、前后、上下的律动能带来温和的生理"摇曳"体验，是连接身心的好媒介。可以尝试甩手功、骑马式晃动、正念步行等。

- 体验"紧张—放松"的循环，也能促发"绿色反应"。类似肌肉的"紧张—放松"练习、拉伸练习等，都能唤醒身体的自我调节能力。

- 处于安全的环境、身边有令人安心的人，可使"绿色神经"更容易被激活。"被理解、被接纳"的体验，有助于我们重拾安全感、维持情绪平衡并重建对他人的信任。

第五章

重新审视焦虑

让"绿红混合态"成为伙伴

在上一章中，我介绍了多种激活"绿色反应"的方法与练习。而在本章中，我将进一步探讨如何从"多重语"的视角，让我们对焦虑和烦恼的感受和认知变得不再一样。

换言之，本章的重点是尝试从"多重语"中获取新的启发，从而体验一种"不同以往的烦恼"，也可以说是与烦恼和焦虑和平共处。

为此，我将介绍一个非常关键的策略——"让混合状态成为你的盟友"。在本章后半部分，我还将进一步说明，如何在实际沟通交流中更好地运用"多重语"。

接下来，我们先来看看如何与"绿红混合态"建立起和谐的协作关系。

回顾"绿红混合态"

要真正让"绿红混合态"成为我们生活中的支持力量，首要任务是亲身体验并觉察出"红色状态"与"绿红状态"之间的细微差别。

我们先来回顾一下："红色状态"，象征着"加速"的生理反应。当我们进入这一状态时，身体会本能地提高血压与加快心跳，呼吸急促、肌肉绷紧、语速加快、音量上升。这时，我们并不会想着去安抚他人，而是更倾向于控制局面，即通过改变环境、让他人配合、设法掌控来获取安全感。

也就是说，这是一个"为了安心而采取行动"的状态。关注点更多在于外部世界是否安全、他人是否构成威胁，而不是自身的内在状态。"我必须做""我不得不做""因为害怕而做""担心结果才动起来"……这些往往都是产生"红色反应"的典型动机。

相对地，"绿红混合态"是一种完全不同的行动姿态。它并非出于不安或焦虑，而是"在安心的基础上主动出发"，带着兴趣、好奇、信任与能动感去行动。"出于想尝试"而迈出的一步，是温和且积极的，是身心同步、向外舒展的反应。

红色，是"为了感到安全"而努力让事情改变；而绿红，则是"因为感到安全"而愿意走向改变。两者虽然表面上都在"行动"，但其内在状态截然不同。

红色的占比越大，通常意味着越不安，随之而来的就是心跳加快、呼吸急促、身体紧绷。而绿红则意味着内心宁静且充满动力，是一种既安心又具活力的状态。

让我们回想一下，自己有没有过这样的体验：在某个安心的环境中，在被信任、被理解、被陪伴的状态下，自然而然地想要尝试、想要挑战、想要行动。如果有，那就是身体进入"绿红混合态"的证据。

接下来，我们将通过几个具体的生活场景中的实例，进一步体会"绿红混合态"究竟是种怎样的感受。

太在乎上司评价的下属

我们先来看一组常见的例子：

"如果上司没有表达感谢，我就会不安，所以我拼命努力，就是为了听到一句'谢谢'。"

"我总担心得不到上司的认可，每天都在琢磨怎么才能被看见、被肯定。"

以上这些想法，其实都是在试图通过"上司的言行"来获取安心感。背后隐藏着的是对被否定、被忽视的恐惧。这时候，我们的神经系统往往处于"红色状态"，即身体紧绷、脉搏加快、动作急促，说话快而重，注意力也都集中在外部的"威胁"上。

我们再来看另一组例子：

"边听音乐边工作，突然发现自己不太在意上司的评价了，觉得就这样认真做好本职工作就挺好。"

"中午吃了一顿美味的午餐，心情一好起来，上司的态度似乎没那么重要了，反而觉得应该趁状态好提升下自己的技能。"

"不管上司表现如何，我只是踏实地完成了手边的事情。"

以上这些感受正是"绿红混合态"的体现。这时候，安心的来源不再局限于"上司的评价"这一单一通道。我们不再执着于改变他人或控制环境，而是把注意力转向自己此刻可以做什么、真正想做什么。音乐、午餐、运动、宠物、风景等，都能成为我们的"绿色能量"。

从"红色状态"切换到"绿红混合态"，我们可以尝试通过以下三个步骤来实现：

1）先思考并审视"我是不是只靠上司的反应来获得安心感。"

2）刻意为身体注入"绿色能量"，如喝口水、深呼吸、伸展身体、看看宠物的照片或听喜欢的音乐等。

3）当感觉身体放松了一点、呼吸顺了些时再回到工作中，此时可能就已经以"绿红混合态"投入其中了。

也就是说，我们与其试图改变上司的态度，不如先调节好自己的神经状态。不要去要求对方做出改变，而是让自己先处于一种稳定的状态中。

当然，我们并不是在贬低"红色状态"。"红色状态"有其必要性，比如在面对挑战或需要爆发力的时候。但如果我们能同时拥有随时在"红色状态"和"绿红混合态"之间切换的能力，就能在不同情境下做出更合适的应对。在"绿红混合态"下，同样的工作、同样的问题，也许会呈现完全不同的结果和过程性的体验。

因学生成绩焦虑的补习班老师

我们再来看一组教育领域的例子：

"如果学生成绩上不去，我会很焦虑，所以不得不拼命去教。"

"如果学生考砸了，我会觉得很丢脸，所以要尽量避免这种情况发生。"

上述这位老师是希望借由"学生成绩的提升"来获得安心感，也反映出他内心正试图逃避焦虑与羞耻。从神经系统的角度来看，这属于典型的"红色反应"，即咬牙切齿，对学生的言语中带着压迫感，胃肠蠕动也常常受到影响。

而如果我们能变换一种心态，一切也许会变得不一样：

"看到学生笑着、享受学习的模样，我突然觉得自己太执着于成绩本身，反正结果无法完全掌控，那就放松下来，把现在能做好的部分认真做好。"

"临近考试，教研组长说：'正因为是重要时刻，我们更要注意别感冒，带着轻松的心情去教课，让学生学得安心才是关键。'听完我反而更有动力了。"

"家长告诉我：'不论考上与否，孩子都说喜欢上您的课，我们想上到最后。'那一刻我才明白，比起紧盯成绩，更重要的是我自己先安定下来，才能真正陪伴学生。"

以上这类体验就是"绿红混合态"的体现。在这一状态下，教师的关注点不再被"结果"绑架，而是转向此刻的关系与过程本身。老师自身感到舒适、神经系统安稳后，面对学生时便自然流露出从容、温和与信任感，而这些恰恰也是激发学生主动学习的土壤。

要实现从"红色状态"到"绿红混合态"的切换，我们或许可以尝试以下步骤：

1）觉察自己是否过度依赖"学生成绩"来获得安心感。

2）进行"非成绩相关"的调节方式，例如：一边轻触头顶，一边调节呼吸；做几组左右晃动的甩手功；喝一口温热的饮品；与信任的人聊几句，重新获得内在的平稳。

3）等到身体略微放松，神经系统中的"绿色"的占比得到提升之后，再回到教学工作中。

　　我们会发现，真正需要被调节的不是学生、不是结果，而是老师的身心状态。在"绿红混合态"下去指导学生，与在"红色状态"下去生拉硬拽学生所带来的内心体验和效果是完全不同的，也会同时改变师生关系的质量。

正式比赛前过度紧张的运动选手

　　我们来看一组体育竞技领域的例子：

　　"那个队的状态到底怎么样？他们会使出什么战术？"

　　"这场一定要让对手输得服气！"

　　"如果今年又输，我真的接受不了，要是你（队友）犯错，我可不会原谅你！"

　　以上这些想法，其实都是在试图通过"击败对手、赢得比赛"来获取安心感，背后隐藏的是对"失败""被打败""自卑感"的极力逃避。这时候，他们的注意力已经不在自己或团队身上了，而是全神贯注地盯着对手，处于"战斗或逃跑"的高度警觉状态，属于典型的"红色状态"。

　　我们再来看另一种状态下的例子：

　　"我们只需要把平时练的东西，在比赛中好好发挥出来。我也想感谢家人一直以来的支持。"

　　"团队合作很重要，我们要彼此扶持，一起打好这场比赛。"

"无论胜负如何，我都希望能打出属于我们自己的风格，不留遗憾。"

这样的感受便是"绿红混合态"的体现。在这种状态下，安心的来源并不是"打败对手"或"获得优越感"，而是来自团队之间的连接感、对训练过程的肯定，以及对当下这一刻的珍惜。这些运动员的注意力回到了自己身上，回到了和队友的关系中，回到了"我们一直在坚持和努力的价值"之上。"保持自己独特的风格""重视团队合作与彼此支持"这样的感受，正是"绿红混合态"的核心特征。

在这种场景下，要从"红色状态"切换到"绿红混合态"，我们可以尝试以下三个步骤：

1）先觉察自己当前的状态。觉察自己是否总过度在意对手或结果，甚至已经把原本珍惜的队友或家人也当成了"红色情绪"的宣泄对象。

2）把注意力放到自己的身体状态上，比如调节呼吸、放松紧张的肌肉等。不要把安心感只寄托于胜负上，而是要尝试从别处获得安全感，如能够参赛的喜悦、与这群队友一起并肩作战的缘分，以及对支持者的感激之情。这样可以帮助身体激活"绿色能量"。

3）把注意力放在自己的身体节奏和内在状态上，而不是对手或结果上。

如果能够按照这样的流程来调节，或许你就能以"绿红混合态"去面对比赛。对比于单纯以"红色状态"去应战，以"绿红混合态"去应战的体验和比赛结果都可能完全不同。

对晚年生活感到焦虑不安的人

再来看一组对老年生活充满焦虑的例子：

"将来老了以后，很可能会发生痛苦的事情，所以现在必须努力才行。"

"为了避免老年破产，我现在一定要努力存钱、节省开支。"

以上这些心态是为了避免将来出现不安的状态而采取对策的状态，属于"红色状态"，即试图通过不断思考"未来能否过上安稳的生活"来获得当下的安心感。

我们再来看另一种状态下的例子：

"在盛开的樱花树下，和朋友们一起享用美味的食物，虽然不知道将来会发生什么，但我真心感受到'要好好珍惜现在，去享受自己想做的事'。"

"和朋友愉快地聊天后忽然觉得，只要不过分奢侈，也许回老家过简单的生活也不错。我想开始探索一种'不让现在留下遗憾'的生活方式。"

这些感受的产生正是"绿红混合态"在发挥作用。如果只执着于"为老了以后安稳生活寻找解决方案",就会让我们进入"红色状态",让生活方式"用力过猛"。一旦将安心感完全建立在"未来的解决方案"上,我们可能就会忽略去珍惜当下。

这时,我们可以尝试以下几个步骤:

1)觉察自己是不是一直只关注"未来是否能过上安稳的生活",却忽略了"此刻是否在过着安心的生活"。

2)把注意力放到自己的身体状态上,让神经系统恢复"绿色反应"。比如,借助"五感"去散步,去泡个澡或蒸桑拿,主动调节自己的状态,让自己回到"绿色状态"中。尝试与自己真正重视的事物重新连接。

3)将"调节身体和神经系统"融入日常生活,努力实现一种不仅为了未来,更能在当下也感到安心的生活方式。

当我们按照这样的方式去行动时,我们就能逐渐从"红色状态"转为"绿红混合态"。这时,我们不再把"未来的生活"作为唯一需要关注的对象,而是先把"此刻自己的身体状态"放在优先调节的位置。与纯粹在"红色状态"下去展望未来相比,此时我们感受到的情绪和体验会截然不同。

留意焦虑形式变化中的绿色和红色

那么，你是否已经体会到了"红色状态"与"绿红混合态"的差异呢？

让我们再来概括一下：当"红色状态"更为强烈时，它代表着我们"渴望摆脱不安或恐惧"的冲动更加强烈，或者"期望改变他人或环境"的想法更为迫切。这也暗示着，我们几乎无法感受到安全与安心。而"绿红混合态"则表示在我们感受到安全与安心的基础上，我们积极采取行动。

一旦真正领悟到这两种状态的差异，我们处理问题的方法也会相应地发生变化。有时候，甚至那些原本令人困扰的问题，也会在不知不觉中迎刃而解。

特别是如果我们能够同时运用"绿色神经"和"红色神经"，并能自如切换，那么就能使我们的行为更加高效、更加持久。

另外，"红色状态"与"绿红混合态"并非完全独立的两种状态，我们可以将它们视为一种渐变的连续体：有时是绿色占比较大的"绿红混合态"，有时是绿色占比较小的"绿红混合态"。当我们以这种方式来理解和思考时，或许我们能获得更多的线索与启示。

让 "绿蓝混合态" 成为伙伴

接下来，我们将探讨的主题是如何与 "混合态" 和谐共处，特别是 "绿蓝混合态"。首先，至关重要的一步是亲身体验和察觉 "蓝色状态" 与 "绿蓝混合态" 之间的区别。

回顾 "绿蓝混合态"

让我们先来复习一下。"蓝色状态" 相当于 "踩刹车"，是一种为了停止活动而产生的生理反应。在这种状态下，呼吸、脉搏、血压等都会下降，身体进入尽量减少氧气消耗、节能省力的模式，以此来寻求安全、安心。为了实现这一目标，呼吸会变得浅而小且缓慢，肌肉变得松弛无力，声音也变轻微，人会倾向于回避交流。血压和脉搏下降，大脑容易变得昏昏沉沉，对于从事生产性的活动也逐渐变得困难。

当我们的身体处于 "红色状态" 时，注意力是指向外界的；而在 "蓝色状态" 时，注意力反而无法指向外界，感知外部信息的能力被关闭，进入一种切断与外界联系的状态。因为渴望获得安全感，身体采取了静止、不动、省能量的生理策略。处于纯粹的"蓝色状态"时，我们的内心往往会出现这样的感受："明明想做，却做不到。""明明想动，却动不了。""明明想感受，却感受不到。""明明想说话，却说不出口。"

而且在许多情况下，我们的内心还会夹杂着一种隐隐的负面感受："蓝色状态（动不了的自己）是不好的。"相比之下，"绿蓝混合态"的体验则截然不同。

绿色代表安全感、安心感、与"此时此刻"的连接感、和他人在一起的感觉、被温柔守护着的感觉。而"绿蓝混合态"，就是在带着这种绿色感受的同时，身体仍处于一种被动的、不动的、节省能量的状态。例如，安心地停下来；一边感受安全感，一边安静地待着；即使做不到（或暂时不去做）也没有关系；不用强迫自己去说话也可以；等等。

通过上述回顾，你能感受到"蓝色状态"和"绿蓝混合态"之间的差异了吗？接下来，我们就通过具体实例来进一步体验"绿蓝混合态"。

疲于工作或学习而动弹不得的情况

让我们先来审视以下这组案例：

"经过连续加班，某一天下班回到家中，不知不觉间便沉沉睡去，醒来后却感到一股强烈的罪恶感。"

"长假结束后准备返校的第一个早晨，身体仿佛被束缚，完全提不起信心去面对校园生活。"

以上这两种状态，实际上是身体启动了"刹车机制"，试图通过暂停活动来充电以节约能量，这正是典型的"蓝色状态"。此时，肌肉难以发力，血压偏低，行动变得迟缓，言语和举止都显得缓慢。

如果在疲惫的状态下能有以下的体验，可以说"绿蓝混合态"正在身体中发挥作用：

"尽管在不知不觉中入睡了，却听到有人轻声细语地说：'你辛苦了，安心地在床上好好休息吧。'于是心头一松，继续安稳地睡了一觉。"

"尽管早晨起床时身体无法动弹，但家人耐心地给我按摩了一会儿，我逐渐感到僵硬的身体被温柔地舒缓开来。"

在这样的场景下，我们可以通过以下步骤进行从"蓝色状态"到"绿蓝混合态"的切换：

1）意识到自己因为过度耗能，身体正在通过"停下来"来保障自身安全。

2）不要勉强自己打起精神，而是专注于调节身体状态，尝试激活"绿色神经"，比如用温和的方式让自己放松，而非硬撑。

3）用心体验在身体的"节能模式"下的那种"充电"的安心感。

如果能按照这样的方法去调节，身体就能逐渐切换到"绿蓝混合态"，并朝着真正的恢复方向前进。

当"红色能量"消耗过度导致身体进入"蓝色状态"时，确实有可能会出现"不知道该怎么办"的困惑感。但其实，觉察到自己处于"蓝色状态"，本身就是开始身体调节的第一步。而且，在"蓝色状态"下休息，和在"绿蓝混合态"下休息，两者带来的身心体验和恢复效果也是截然不同的。

遭遇突发事件而全身僵硬的情况

让我们再来看以下案例：

"在学校目睹朋友被老师严厉斥责，我立刻感到头脑一片空白，身体僵硬到无法动弹，内心充满了恐惧。"

"目睹有人骑自行车在我面前跌倒，我本想上前帮忙，却因惊吓过度而呆立当场，完全无法行动。事后我感到极度懊悔。"

这两种状态实际上源于遭遇了出乎意料的紧急情况，身体感知到"生命可能受到威胁"，因此迅速转入节能模式。这种反应有时也被描述为"吓得瘫软在地"。

如果在突发情境中能够经历如下的体验，可以说"绿蓝混合态"已经在身体中发挥作用了。

"当时感到非常害怕，但保健室的老师一边轻轻拍着我的背，一边温柔地说：'看到有人怒吼，吓一跳也是很正常的。'听到这句话后，我不自觉地流下了眼泪，身体也慢慢放松了下来。"

"虽然一开始被吓得一动不动，什么也做不了，但同行的人笑着对我说：'吓瘫了也是正常的。'这样被轻松地接纳后，我终于慢慢站了起来。坐了一会儿后，心情也逐渐平复下来。"

在这样的场景下，我们可以通过以下步骤，进行从"蓝色状态"到"绿蓝混合态"的切换：

1）意识到当遭遇突发、意料之外的事件时，身体会本能地踩下刹车，强制停下来。首先要觉察到自己正处于这样的"被吓停"的状态。

2）寻找安全感与安心感。一旦感受到环境是安全的，身体就能从"急刹车"逐步过渡到"温和刹车"。可以尝试依靠值得信任的人，对其倾诉、求助，或者单纯地待在安全的空间里，帮助身体缓慢地进行调节。

3）不要勉强自己硬撑，而是尽量把自己安置在安全、放松的环境中，与能够让自己安心的人待在一起。慢慢地，身体会自然放松，体验到"在安心中静静停下"的感受。

如果能够沿着这样的步骤去调节，身体就能从"蓝色状态"逐渐过渡到"绿蓝混合态"，并朝着恢复的方向前进。

遭遇突发惊吓时，我们的身体有时会像踩急刹车那样迅速启动"蓝色反应"。虽然当时无法行动可能会让人感到困惑与沮丧，但只要能够意识到"现在自己正处于'蓝色状态'，因此才停了下来"，就已经迈出了调节与恢复的第一步。

而且，在"蓝色状态"下停滞，和在"绿蓝混合态"下安定下来，两者在体验方式与恢复效果上也会有明显的不同。

● 陷入极度不安而无法动弹的情况

"在学校看到有人在背后说自己坏话，自那以后整个人变得恍恍惚惚，提不起劲，也没有了动力。"

"在大家面前因犯错被老师责骂，还被同学们嘲笑，从那一刻起就不想和任何人说话，只想一个人待着，连声音也发不出来了。"

"与心爱的宠物告别后，心里一直挂念着它，无法使注意力回归日常生活。"

以上这样的状态，其实是因为遇到了让人无法感到安全、安心的场面，身体察觉到"社会性生存"受到了威胁，于是迅速进入节能模式。

人类作为社会性动物，不仅在面对地震、事故、受伤等生命威胁时会触发"蓝色反应"，在面对被排斥、失去重要关系、断开社会连接这类社会性威胁时，也同样会产生类似的生理反应。

在遭遇灾难或重大事故时，无论人类还是其他动物，都会通过冻结、停止等"蓝色反应"来守护生命。而人类特有的是，即使在文化、常识、社会关系的断开面前，一旦身体（神经系统）感受到"这个社会让我感受不安""在这群人中找不到安全感""无法感受到自己被守护和接纳"等情绪时，也会不由自主地启动"蓝色反应"。

这时，身体会选择刹车、停止，耐心等待环境恢复安全。与此同时，个体也容易产生无力感、自卑感、羞耻感、情感麻木等心理反应。同样，当我们经历了与重要的人、宠物或熟悉的安全环境的分离时，"蓝色神经"也会启动，让身体暂时进入低能耗模式，直到重新找到安全感。

如果在这样的状态下能够经历如下的体验，可以说"绿蓝混合态"正在身体中慢慢发挥作用。

"同事安慰我说：'那个人总喜欢说别人坏话，我也被说过，不是你的问题。'听了之后，原本恍惚的脑袋仿佛动了起来，心里也生出'要不要稍微换个心情'的念头。"

"被同学取笑后，一个朋友对我说：'一起回家吧。'我们在公园的秋千上默默地坐着，直到夕阳西下，我终于轻声说出'谢谢，明天一起去上学吧'。朋友笑着回答：'好啊，就算没精神也没关系。'听到这句话，我也忍不住笑了。"

"和曾经经历过失去宠物的人聊过之后，我觉得或许我可以按照自己的步调慢慢道别。慢慢地，我也能使注意力回归生活的其他部分了。"

在这样的场景下，我们可以通过以下步骤进行从"蓝色状态"到"绿蓝混合态"的切换：

1）觉察当下，当经历"无法与人建立连接"的事件时，意识到自己正因安全感缺失而启动了"蓝色反应"。

2）不要强迫自己振作，接纳"蓝色状态"本身也是一种保护。可以轻柔地触摸自己的身体、注视流动缓慢的画面或接触一些让自己感到疗愈的事物，温和地调节神经系统。

3）慢慢靠近能让自己感到安心的人，在包容、温和的陪伴和被接纳中，身体会渐渐感受到安全，"绿蓝混合态"的体验也会随之在体内出现。

按照这样的流程行动，身体便能逐步从"蓝色状态"过渡到"绿蓝混合态"，走向真正的恢复。

本质上，当人与人之间的连接断开时，身体自然会将这种体验视为威胁，启动"蓝色神经"，强行刹车，进入停止和防御模式。这是人类正常而必要的生理反应。当我们理解这一点时，便能在混乱中生出一份安心感。

而一旦认识到"即使进入'蓝色状态'，也能逐渐好起来"，我们的生活方式和空间也会随之得到拓展。

总之，在"蓝色状态"中停滞，与在"绿蓝混合态"中修复，两者所带来的内心体验和恢复路径将是完全不同的。

● 留意焦虑形式变化中的绿色和蓝色

那么，你是否已经体会到了"蓝色状态"与"绿蓝混合态"的差异呢？

当我们遭遇到的生命危险、生存威胁或社会性分离的程度越强，"蓝色神经"的反应就越强烈，身体会更迅速地踩下刹车，停止一切活动。

而"绿蓝混合态"则是在身体感受到安全与安心的基础上，以一种被动但安定的方式静静停留的状态。

当然，我们绝不是在说"蓝色状态"不好，因为在真正紧急的场合，"蓝色反应"是必要且宝贵的。

然而，如果我们也能掌握在"蓝色状态"和"绿蓝混合态"之间顺畅切换的能力，就能拥有更灵活、更高效的应对方式。

　　而且，"蓝色状态"与"绿蓝混合态"并不是泾渭分明的两种截然不同的状态，而是像渐变色一样，相互交融、连续变化。有时是绿色占比较大的"绿蓝混合态"，有时则是绿色占比较小的"绿蓝混合态"。

　　当我们带着这种渐变的视角来看待神经状态时，或许就能获得更多新的线索与启发，从而拓展出更宽广的调节路径。

找到志同道合的伙伴

那么，现在我们是不是对于混合态已经十分了解了呢？当我们遭遇突发事件时，"红色神经"或"蓝色神经"被激活，这是一种极为自然且合理的生理现象。

在日常生活中，如果我们习惯有意识地激活"绿色神经"，那么当真正面临危险时，身体就不太容易陷入单一的"红色反应"，而更适应一边观察周围情况，一边以"绿红混合态"来应对。同样，如果"绿色神经"平时就较为活跃，那么当身体判断"需要踩刹车"时，也不太容易陷入纯粹的"蓝色状态"，而会以带着安全感的"绿蓝混合态"来平稳地让身体减速。

要学会更好地感知混合态，还有一个有效的路径，就是找到可以共同探讨不同颜色的身体状态的同伴或朋友。例如，与有过相似经历的人们组成互助小组（"特定病患交流会""育儿妈妈分享会"等），我们在这样的环境下产生"原来你也是这样啊""原来不是只有我才这样"的念头，从而更容易接纳、理解并包容自己的"红色状态"和"蓝色状态"。

　　这种相互的交流，不仅能帮助我们体会到自己的情绪反应并不是孤立的，在同伴的互相支持下，把那些曾经困扰我们的"红色状态"和"蓝色状态"，用"绿色"温柔地包裹起来。在这样的分享与交流过程中，我们逐渐学会了接纳自己，与"红色状态"和"蓝色状态"和谐共处，那就说明我们已经能够熟练运用混合态了。

　　再次强调一下，"绿红混合态"的感觉是"安心地迎战""带着安全感去努力""安心地感到烦躁""带着安全感感受焦虑"；"绿蓝混合态"的感觉是"安心地休息""带着安全感进入节能模式""安心地低落""带着安全感面对抑郁"。

　　希望你也能在与同伴、朋友的互动与分享中逐步把混合态变成常伴身边的可靠支持，一个温柔的伙伴。

　　以上，就是本章关于如何从多重迷走神经理论中获取线索，活用混合态的全部内容。而接下来的部分，我们将回顾序章中提到的借用指南类书籍和方法反而失败的案例，同时也会共同重新审视一个重要的命题——"身体的变化会带来截然不同的体验"。

身体的变化带来不同的体验

在探讨"身与心"的关系时，自古以来就存在一类经典议题——身先于心，抑或心先于身。例如，是悲伤的情感触动了我们的泪腺，还是眼泪引发了悲伤的情感？

在本书中，我认为两者兼而有之。当身体进入"想哭"的状态时，悲伤的情绪也可能随之浮现；反之，当悲伤的情绪涌现时，眼泪也自然地流淌而出。换言之，无论是"哭泣"的反应，还是"悲伤"的心情，本质上都是一种生理性的自然反应。大多数情况下，它们并不受主观意志控制，而是受到自主神经系统的调节与驱动。

不以意志为转移的思维、情感和行动

在日常生活中，我们可以从思维、情感、行动三个维度来定义"内心"。通常情况下，我们容易认为心理活动并非生理反应，而是个人的主观意志（当然，有时也会以"下意识"来修正这种想法）。因此，我们容易认为无论是思维、情感还是行动，都可以通过主观意志来进行改变。

在本书中，我们并不否定主观意志的作用，但想要提醒大家，有些思维、情感和行动是难以通过主观意志来进行改变的。为了更好地辨别这类情绪，我们不妨将它们称之为"自动化思维""反射性情感""冲动性行动"。我们将这类现象视为受自主神经系统影响的生理反应。换言之，当身体的自主神经系统受到刺激时，会以"红色、蓝色、绿色"三种方式做出反应，这不仅引发生理层面的变化，还会连带思维、情感与行动的反射性变化。这种理解方式的价值，在临床中反复得到印证。我的不少患者和咨询者也正是因为抱持这样的理解，才终于找到了通向康复的道路。

总之，当身体状态发生改变时，我们对世界的看法也将随之改变。用本书的"多种语"来说，当身体进入"红色状态"时，我们看待世界的角度也是"红色"的（"周围都是敌人"）；当身体进入"蓝色状态"时，我们的审视角度也会随之变为"蓝色"（"反正大家都讨厌我"）；而当身体回到"绿色状态"时，我们的心理状态也会回到"绿色"（"接受帮助，心怀感恩"）。这一系列的过程，其实也是"身心一体"的真实体验。

你是否还记得我在序章中提到的两个案例。案例中的事件之所以成为"问题"，常常是因为当事人的身体处于失衡状态，而并非单纯的心理作用。接下来，我们将进一步探讨这两个案例，分析面对同一件事情时，身体状态不同，内心感受是否也会完全不同。

因孩子成绩而焦虑的父亲的变化

在序章中，我曾介绍过这样一个案例：一位父亲因孩子在课堂上跟不上、成绩下滑而深感焦虑。这位父亲当时的神经系统很可能已经进入了"红色状态"，也就是所谓的"战斗状态"，他内心强烈地想要帮助孩子提升成绩。于是，他找到了一种称作"指导方法 A"的策略来尝试解决问题。

而在整个亲子互动过程中，这位父亲很可能始终处于较强的"红色状态"之中，此时即使采取了"指导方法 A"，他与孩子的交流和互动仍旧伴随着高度紧张的情绪和氛围。

虽然我们无法准确地知道这位父亲的"红色状态"持续了多久，但可以推测的是，这种强烈的神经反应对孩子产生了重要的实质性影响。对孩子而言，相较于"指导方法 A"的内容本身，父亲身上所释放的"红色生理信号"或许才是更直接的影响源。于是，为了应对父亲的状态，孩子的身体也会启动"红色反应"。于是便形成了"你越焦虑，我也越紧绷"的"红色循环"。无论是父亲的"红色反应"先启动，还是孩子的"红色状态"先被激活，可以肯定的是，自主神经状态是会在个体之间产生相互影响的，这是一个非意志层面的、反射性的互动过程。

我们可以试着换一个角度去理解"烦躁的情绪"或"非理性的担忧"，这些其实都是在"红色神经"被激活时身体做出的自然反应，是出于保护的生理性防御机制。

反之，如果我们把一切单纯地当作"心理问题"，就很容易陷入一种思维模式，即"我要改变想法""我要控制情绪""我不能再生气了"……然而，只靠意志改变心态往往是困难的，特别是当我们产生"必须要改变"的念头时，还会加剧"红色神经"的反应强度。

因此，我建议不是从改变"内心"开始，而是先着手去调节身体与神经状态。那么，如何使身体从"红色状态"转为"绿色状态"呢？

第一步，先要觉察到自己正处于红色状态。回到案例中，那位父亲要意识到自己正处于"战斗模式"下与孩子互动。

第二步，尝试调节身体，让神经系统回归"绿色状态"。可以试试以下这些方式，如慢慢地且深深地呼吸、喝一口水、进行"面部口型操"、散步、轻轻抚触自己的身体，或者借助任何能唤醒五感的方式。这些都能帮助我们放松紧张的神经，也可以参考第四章中提到的利于激活"绿色神经"的练习，去尝试实践一下。

第三步，只要身体稍微放松、神经稍有缓和，那就是"绿色神经"开始重新启动的信号。此时，那位父亲便可以以"绿红混合态"去面对让他焦虑的孩子的成绩，他可能会惊讶地发现，那些在"红色状态"下拼命想改变的情绪，已经在悄悄地发生变化了。

这种变化不是通过强迫自己产生的，而是在不知不觉间产生的。能拥有这样的体验是非常宝贵的经历。此后，哪怕再次陷入"红色状态"也没关系，因为我们掌握了重回"绿色状态"的方法。就像本书中提到的"正念三角形"，当我们的注意力离开中心对象后，不要慌张，觉察到自己的状态，然后再把注意力带回到中心对象上，这一不断回归中心对象的过程其实就是把身体调节到"绿色状态"的路径。

当父母以这样的方式面对孩子的学习和成绩时，我们可能会发现，那种强迫、纠结的感觉，慢慢变成了温馨的陪伴、保持好奇心的实验、与孩子一起探索的喜悦。这正是本书最想强调的核心观点之一——"带着调节感，与事件相处"。

因陪护母亲而情绪低落的女儿的变化

在序章中，我还介绍了一位女儿的故事，她的母亲被诊断为阿尔茨海默病，生活自理能力逐渐减弱。她尝试了"B 式饮食法"和"C 式体操"，却发现母亲几乎没有任何反应。每次尝试无果后，她都感到无比悲伤和沮丧，仿佛一点希望都没有了。

可以推测，在这一过程中，女儿的神经系统逐渐进入了

"蓝色状态"，身体自动切换到"节能模式"，试图通过低速运转来保护自己，就像"蓝色神经"在对她说："暂时离开母亲，喘口气吧。"类似这样的念头，以及陷入悲伤和低落情绪的时候，其实都可以看作是"蓝色反应"下的自然生理现象。这不是软弱，不是失败，而是身体在发出"需要充电"的信号。

和因孩子成绩而焦虑的父亲的案例一样，如果将这一切看作"心理问题"，就容易陷入"我要改变想法""我要控制悲伤"的思维模式。但我们知道，当这样的念头浮现时，说明身体已经从"蓝色状态"滑入了"蓝红混合态"。这时候，情绪和思维都变得更沉重，行动也会更加困难。

而我提出的建议仍然是从调节身体开始的，而不是先处理情绪。

第一步，觉察到自己正处于"蓝色状态"。这种觉察本身就是调节的起点。第二步，试着逐渐地、平稳地调节自己的身体，让神经状态朝着绿色的方向靠近。可以尝试一些简单的方式，如之前提到的深呼吸、喝口水、做"面部口型操"、散步、看看远方、抚触身体……这些基于五感的小行动，可以一点点唤醒体内的"绿色神经"。你也可以翻开第四章，挑选一种适合自己的"绿色激活法"来尝试。

"绿色状态"的恢复，也可能来自与他人的连接。如果你有信任的人，不妨找机会跟他聊一聊。当然，当"蓝色反应"较强时，说话本身也会觉得吃力，那也没有关系，你可以等到状态稍微恢复一些再选择与他人会面。有时，仅仅是与信任的人在一起，"绿色神经"也会不经意间启动。

只要你能感受到身体或神经稍稍平稳下来，那就是"绿色状态"启动的信号。在"绿蓝混合态"中，你便可以和事件本身保持一定的距离，给自己留出喘息的空间。那时你会发现，原本压在心头的悲伤、无力感、否定感，已经开始悄悄地发生变化。

你不必强迫自己改变思维或情绪，而是在某一刻突然意识到："咦，我的想法好像不一样了。"也许你还会觉得"我不一定非要一个人扛下这一切""偶尔放松一下，其实也挺重要"。这些想法的自然浮现，就是对神经系统变化的切实体验。

当然，当冉次面对母亲的病情时，女儿的"蓝色神经"可能还会重新被激活。那也没关系，重要的是她已经知道了如何调节自己。就像我们前面提到的"正念三角形"，把"身体恢复到'绿色状态'"作为中心对象，当你再次被事件卷入、慢慢滑向"蓝色状态"时，只要觉察到了这一点，你就可以温柔地把自己带回到中心对象上。如此往复，你就会在调节的过程中得到恢复。

当你能自然地想到"我倒下的话，母亲也撑不住，我得更好地照顾自己""人老了会健忘，这很正常""妈妈现在这个样子，某种意义上也挺可爱的"，如果这类感受积累最终成为稳定的思维模式，那就意味着我们掌握了与"绿蓝混合态"常伴的方法。

希望我们都能体会到这种"在自我调节中，与事件保持距离"的感觉。这是一种由多种神经机制共同支撑着的生命状态，不是封闭也不是逃避，而是一种持续而有选择性的回应。

至此，我们从多重迷走神经理论出发，介绍了心与身体的联动、混合态的意义，以及如何与"事件"或"问题"保持适当的距离。利用指南书或技巧去解决问题有时是有效的，但我们更想探讨的是面对问题的方式。换言之，本书所关注的，不只是"如何解决烦恼"，更在于"如何去经历烦恼"。

那些难以言表的感受和体验，也许很难用完整的语言传达，但我仍希望通过"多重语"让大家更好地感受和领会到其中的奥妙。如果这些内容能给大家带来哪怕一丝共鸣、帮助或安慰，我会因此感到由衷的喜悦。

在沟通中如何熟练使用"多重语"

接下来，让我们看看在与他人沟通时，如何实际运用"多重语"来帮助对方。这里所指的沟通对象，请你想象为你生命中重要的人。

如果用一句话来总结这种沟通方法，那就是"协助对方，在保留原本的'红色状态'与'蓝色状态'的同时，逐步养成与'绿色状态'共生的习惯"。你可能会想："那我干脆把这本书交给他读不就好了？"这当然也是一个不错的选择，可以试试看，或许会有效。不过，并不是所有人都能靠自己去学习和实践这些内容，有些人更适合通过他人的帮助实现这一目标。

"红色"与"蓝色"这两种力量时刻存在于我们的生活中。生活就像驾驶一样，脚下的道路不可能总是一马平川，有时会有急转弯、起伏和颠簸。正因如此，我们需要调节好红色与蓝色的占比，有时"加速"、有时"刹车"，找到前进的适宜节奏。

而这一"调节"的关键，离不开"绿色神经"的介入。有

"绿色神经"的协助，我们才能真正做到恰到好处地应对变化与挑战。如果你自己就是一个能够活用"绿色神经"的人，那么，你的经验和方法自然会成为他人的参照，帮助更多的人找到属于自己的生活步调，如图 5-1 所示。

好啦！

图 5-1 把绿色当作礼物送给对方

观察对方神经系统状态的变化

那么接下来，让我们来看看具体的做法。

首先，要去观察对方当下处于怎样的神经系统状态。不仅是对方使用的语言，非语言的表现也很关键，如说话的速度、声音的大小、面部表情、肌肉的紧张程度、整体的安定程度、平时的饮食、睡眠状况等，并养成从这些维度去观察对方身体状态的习惯。

接下来，通过这些表现，试着判断一下对方现在是"红色状态"，还是"蓝色状态"。如果是"红色状态"，那么可能是身体正在踩油门，并处于战斗状态，想要急于完成某件事，或者想要快速逃避；如果是"蓝色状态"，那么可能是身体踩下了刹车，动不了，无法进行有生产力的活动，进入了节能模式。

不论是哪种状态，基本的应对原则是"先保持原样"，可以理解为以"红色也好、蓝色也好，都可以"的"绿色思维"去面对对方。这是让处于"红色状态"或"蓝色状态"的对方逐步进入"绿红混合态"或"绿蓝混合态"的要点之一。

孩子感到焦虑时，我该怎么办？

那么，当孩子也焦虑和烦躁时，我们该怎么办？作为父母，看到孩子处于"红色状态"，自己或许也会进入"红色状态"，这是可以理解的。但在变红的那一刻，我们要意识到自己的状态是被孩子的"红色状态"影响的，再进一步去理解和包容孩子的"红色反应"，那就说明你已经开启了绿色的观察模式。

如果在日常生活中你养成了运用"绿色神经"的习惯，那身体就会倾向于利用"温和的刹车"功能。当面对孩子的"红色状态"时，你也能用更加温和的方式去回应孩子。例如，面带笑容、用温和的语气说"学不会的话，确实会让人烦躁呀"，或者一边说一边把手放在孩子背上说"先离开一下书桌，我们一起去外面透透气吧"，也可以说"辛苦了，先喝口水吧，来，干杯！一起给头脑和身体降降温也不错"……

类似这样的互动方式，就是让孩子的神经状态转向混合态的方式。等孩子稍微冷静下来后，你也可以尝试用带有玩耍或游戏性的方式来互动。例如，在房间里边走动边学习，或者单脚站立来背单词，也可以一起尝试用歌曲来学习外语等。

总之，当你观察到孩子处于持续的"红色状态"后，先不着急，判断准确后跟他一起踩下温和的"绿色刹车"，并在其中加入具有游戏性与自由感的"绿红元素"，引导孩子进入适宜的学习状态。如果这时孩子的"红色反应"比较强烈，你也可以利用"绿蓝混合态"，多一点刹车，或者干脆一起进入冷静时间。

如果你和孩子之间建立起了彼此信任的关系，孩子在与你的互动中会更加容易进入"绿色状态"，那么这样的沟通和交流就会变得更加顺畅。打个比方，此时，你已经能够更顺利和熟练地把自己的绿色当作礼物赠送给对方。当你能够做到这样的沟通时，即便对方处于偏红或偏蓝的状态，也更容易调节回"绿色状态"，保持"绿红混合态"或"绿蓝混合态"的时间也会随之增加。而"绿色神经"占据的时间越长，孩子就越能够把"红色神经"与"蓝色神经"调节得恰到好处，能更加顺畅、柔和地在油门与刹车之间来回切换。

觉察到对方处于"红色状态"/"蓝色状态",先保持距离,再逐步调节成"绿色状态",然后以"绿红混合态"或"绿蓝混合态"去回应。这种互动和沟通模式,可能一开始并不容易做到。如果觉得困难,也不必气馁,你可以先进行自我调节,并尽量延长自己"绿色状态"的持续时间和稳定性,等到自己不那么容易被对方的"红色状态"或"蓝色状态"带跑时,再去尝试沟通。

总之,我们要把关注点从"想要改变对方"转向"优先进行自我调节",从而带动对方调节。

在持续的调节中对话

下面我将展示一段沟通对话，便于大家思考和理解如何运用"绿色神经"影响身边的人。对话中的主角是上司 A 先生和他的下属 B 先生，我们重点看看 A 先生是如何通过调节回到"绿色状态"的，又是如何给下属正面且积极的影响的。

在家庭问题上倍感压力的上司和下属的对话

近日来，A 先生因为正在上小学三年级的女儿出现厌学情况而烦恼，特别是跟学校老师沟通数次后，感觉压力更大了。下面是某天在公司里发生的一段对话。

下属 B 先生（以下简称 B）："科长！关于这个月月底要交的资料，我的进度不太顺利，现在只完成了一半，您能帮我看一下吗？"下属 B 语速很快，显得十分慌张（也可以说，此时他以"红色状态"去跟上司 A 先生沟通）。

上司 A 先生（以下简称 A）："什么？！"A 不由得提高了音量说道，"你之前不是说'请交给我吧'？这还只剩几天了啊。"

（这段时间，A 在家庭中处于"红色状态"的时间变多了，因此身体从 B 的"红色状态"中感受到了威胁，A 自己也更容易陷入"红色状态"。）

B："您不是说过'随时都可以来咨询'吗？所以我才来找您的！我也不是在偷懒啊，其实一直都在努力做，只是这部分实在有点困难，所以才想请您稍微帮我确认一下。"B 的语气稍显强硬地说明了情况。（可能是因为 A 这次的反应和以往不同，反而让自己更加紧张，于是 B 的"红色反应"也进一步被加强了。）

A 看到 B 的语气略显强硬，不由得吃了一惊，脑海一瞬间变得一片空白。

A："啊，对不起。现在有点忙，咱们之后再谈吧。你把资料放在那边就好。"（从 B 的样子来看，A 的"蓝色神经"似乎稍稍被触发，身体踩下了刹车。于是想暂时拉开距离，提出稍后再谈的建议。）

B："之后是指什么时候呢？您能在中午前给我答复吗？"B 的语气中带着些许不耐烦。（原本以为能立刻得到帮助，结果却碰了一鼻子灰，此时处于"红色状态"的 B 的身体似乎难以踩下刹车。）

A："我想仔细读完资料之后再发表评论，所以 11 点再来找我吧。"

而后 A 暂时离开了房间，决定到公司大厅去阅读资料。他注意到自己正快步前行，便放慢脚步，有意识地慢走，就像觉察到了自己的"红色状态"，于是踩一下刹车。

走着走着，A 意识到，自己最近因为女儿的事情一直处在"红色状态"，结果不自觉地以此状态回应了下属的需求。

A 想着："这或许是一个可以尝试在'多重语'学习会上学到的调节方法的机会。"于是，他决定一边喝茶，一边以平静的心情阅读资料。他还在心里默念："应该优先让自己的'绿色神经'启动才对。'红色神经'和'蓝色神经'保持原样就好。"就这样，A 在公司大厅里喝了一两分钟的热茶。（此时的 A 可以说处于"能够安心休息"的"绿蓝混合态"。带着"来试试看吧"的心情，同时回忆起学习会上与伙伴之间的连接感，这种感受可以说是"绿红混合态"。通过与伙伴们协同调节的经验，A 此刻实现了自我调节。）

此时，比起早上，A 感觉自己冷静了不少，认为这时候跟下属去谈一谈或许效果会不错。于是到了 11 点，他来到 B 的办公桌前说："关于资料的事情谢谢你。来，尝尝这个。"他一边微笑着，一边把 B 喜欢的蜂蜜糖和资料递给他。

A："在这样时间紧迫的情况下还能完成到这个程度，还真是了不起啊！" A 一边笑着，一边也含起蜂蜜糖，对 B 表达了慰问之情。

B："就是啊，科长。看到您早上的样子，我还以为您把交代给我的这事忘了呢，当时可真是把我慌张坏了。那这蜂蜜糖，我就不客气啦。"

A："是啊，你肯定会慌张，还生气了吧？对不起。要是换作我，我大概也会慌（笑）。"

［这里，A 表达了对 B 出现"红色反应"（情绪波动）的接纳和包容态度，从而有利于营造"绿色的氛围"。同时，他们一边吃着蜂蜜糖一边交谈，也可以看作是 A 在尝试制造基于绿色的混合态。］

B："所以，您看过那份资料后，觉得还可以吗？"

A："嗯，做得很好。我知道你可能很在意截止日期，还觉得必须要做出一份完美的文件，所以难免感到有些紧张。退一万步讲，就算最后有点差错，我也会想办法解决的。所以你就放宽心，用接下来剩下的 10 天时间，好好地去完成它。"（A 之所以这样做，是因为他想向下属传递"安心工作"的信号，并强调不需要紧张、勉强自己。他也希望自己的下属能够珍惜自己的"绿色状态"。）

B："您这么说让我安心多了。科长还特地准备了我喜欢的蜂蜜糖，您真是把'胡萝卜加大棒'这招运用得炉火纯青啊（笑）！"

A："你发现啦（笑）？对于工作，合理把握节奏很重要，其

实这和'胡萝卜加大棒'的想法挺像的。时间再紧迫，剩下的十天也不能一直踩油门，这样是坚持不下去的，刹车也同样重要。"

A 一边做着简单的伸展运动（比如转转脖子、伸展手臂），一边传达刹车的重要性。（他并没有用语言说"放松身体也很重要"，而是通过实际的肢体行动传达了这一信息。用自己的"绿色状态"去影响对方，效果往往事半功倍。同时，除了向对方传达正确的信息，自己用什么状态去传达同样重要。）

B："确实，这个月我还没去过健身房或桑拿房，要不今天或明天就去一趟好了。"（B 回忆起属于自己的"绿色时刻"，当同伴间能进行"绿色对话"时，当事人也能获得更好的灵感和帮助。）

A："好主意！像蒸桑拿这样的放松和充电时间，确实能让人在努力的时候更有能量。"（再一次强调了"绿红混合态"与"绿蓝混合态"之间平衡的重要性。）

看了以上案例，你有何感想呢？ A 虽然是领导，但也是人，平时偶尔陷入"红色状态"或"蓝色状态"也是非常正常的事情。但通过案例能够看出，最宝贵的经验是 A 努力践行"接纳蓝色和红色，活用绿色的力量"这一理念的过程。正是因为 A 平日里就始终坚信并践行这一理念，即便遇上了出乎意料的状况，也能以"绿红混合态"或"绿蓝混合态"来从容应对。

此外，A 在与下属 B 互动时，也始终有意识地在实践"协同调节"的方法。以下是这一案例中协同调节的几个关键要点：

1）觉察自己身体（神经）的颜色状态。

2）有意识地激活自己的"绿色神经"。

3）观察对方身体（神经）的颜色状态。

4）接纳对方处于"红色状态"或"蓝色状态"的事实（理解其进入"红色状态"或"蓝色状态"的背景与理由）。

5）在接纳对方状态的基础上，尝试逐步传递"温和刹车"（"绿色状态"）的信号。

6）观察对方身体（神经）逐渐转为"绿色状态"的迹象。

7）对其"绿红混合态"或"绿蓝混合态"给予正向反馈。

8）共同分享"绿红混合态"或"绿蓝混合态"的重要性。

在上述这样的过程中，通过与对方一同经历"调节油门与刹车，在两者之间顺畅往返"的调节方式，我们既调节了自己的状态，也能让对方学会这种方式，从而走上能够独立进行自我调节的道路。

本章内容，是在前几章所介绍的"三色神经"的基础上展开的。如果说能够进行自我调节属于基础能力，那么通过自己

的"绿色状态"去影响他人、教会他人调节的途径，则可以说是更高级的应用能力。

如果在与自己重要的人之间的沟通中，你也能将自己的"绿色"信号传达给对方、影响对方，那将是件非常了不起的事情。作为本书的作者，我也会由衷地感到欣慰和幸福。

本章小结

- 亲身体验"红色状态"与"绿红混合态"的区别，尝试在工作或任务中以"绿红混合态"来应对。

- 亲身体验"蓝色状态"与"绿蓝混合态"的区别，试着在遇到压力时以"绿蓝混合态"来面对。

- 如果你已经能在日常生活中运用"混合态"，那就将这份"绿色"传递给你认为重要的人。

- 先进行自我调节，然后再尝试与对方进行协同调节。

第六章

对身体再上心一点

试着学会更多 "调节身体" 的方法

通过对前几章关于多重迷走神经理论和"多重语"的学习之后，你是否也对自己的身体以及如何调节身体状态产生了一些兴趣呢？

其实我们的身体一直在努力工作，只为守护我们的生命与健康。希望我们不仅仅从多重迷走神经理论的角度，还能从其他角度不断拓宽如何调节身体状态的路径。

因此，接下来我将介绍一些自己也在实践中用到，并且非常值得推荐的小方法。

1. 神经矫正

顾名思义，神经矫正是一种针对神经进行调理的整体疗法。普通的整体治疗主要是针对肌肉、骨骼、关节等部位进行施术。接受这种治疗的病患，往往面临的是疼痛、行动不便、包括内脏在内的循环不良等症状。

然而这些症状其实都与神经有关。神经矫正疗法，也会对自主神经进行调理，因此与多重迷走神经理论有很高的契合性。

2．矫正疗愈

这是一种针对神经发育症（发展障碍）儿童的治疗方法。这一方法也可以对自主神经进行调节，因此与本书具有很高的契合度。

开发矫正疗愈的松岛真一老师，作为一位发展障碍女孩的父亲，凭借自己的学习与经历，探索出这种不依赖药物的发育干预方法。他的理念之一是"父母也可以为孩子做的疗法"，因而学习和实践的门槛较低，非常适合推荐给普通初学者。

3．原始反射调节路径

胎儿时期，当受到压力或外界刺激时，身体会出现瞬间紧缩或四肢快速张开的反应，这被称为"原始反射"。

一些成午人在"红色神经"或"蓝色神经"被激活时仍会出现这种反射。这会导致呼吸困难、感知外界刺激困难、动作或姿势不协调等情况。

为了改善这种情况，有一种方法是在进行特定练习的同时调节身体，使呼吸、感知与动作变得更加顺畅，这便是"原始反射调节路径"。

4．分子营养学

近年来，人们越来越关注营养与自主神经之间的关系。分子营养学帮助人们关注自己吃了什么、怎么吃，以及营养是否

被身体有效吸收与排出等。

特别是本书反复提及的迷走神经，它与大脑、脑－肠轴（即大脑与肠道之间的联系）密切相关。

学习分子营养学后，我们可以进一步关注肠道护理，从而为进入"绿色状态"增加更多的生理路径。

总之，希望大家能够多多学习，实践各种调节身体的方法，并通过不断学习探索适合自己的通向"绿色生活状态"的路径。

身体是我们的"私有物"吗？

人的一生，从出生到死去，一直都在与自己的身体为伴。对于自己的身体，我们可能早已习以为常，甚至觉得它就是理所当然的存在，或许还会觉得"身体"是我们自己的"私有物"。但如果认真想一想，果真如此吗？

我们自己的身体也是有生命的，它是存在于自然界中的生命个体。真的可以把它看作是一件"物品"或"工具"吗？

一旦将身体视为自己的"所有物"，就很容易产生"上下级关系""控制者与被控制者的关系""支配与被支配的关系"。例如，当我们说"我用书和笔过生活"时，其实也隐含着"我拥有书和笔，支配并控制它们""我比书和笔更加高级"的比喻。

如果我们再把"书"或"笔"换成"宠物""植物""家人""朋友"或"同事"，又会怎么样呢？即使我们并不希望与其是支配与被支配的关系，可一旦将其当作"所有物"来看待，就有可能不自觉地形成如此的认知模式。

身体绝非道具

希望我们能持有这样一种理念：身体不是被我们所支配、控制的工具。

生活中，我们很容易会将身体看作是用来满足欲望与需求的工具。内心的那个"我"总是在为生存努力，为适应环境努力，为了不在竞争中被打败而努力，为了活得更精彩而拼尽全力。正因如此，我们也常常会对身体提出要求，例如："你要给我好好努力，为我效力！"

但身体本身是一个生命体。虽然它无法用语言表达，但会通过各种方式向"我"，它名义上的主人，传递各式各样的信息。这些信息最原始的形式，就是"舒适 / 不适"的身体感受，例如我们经常会有"总觉得有点惬意"或者"总觉得哪里有点不对劲"这样模糊的感受。

随着我们逐渐成长，我们开始把别人的看法、社会的规范、思维的方式、语言的表达这些层面看得比自己的身体感受更重要。于是，我们与自己身体之间"对话"的机会也就慢慢减少了。

我这样说，你是否能够体会到我们和身体之间这种微妙的关系了呢？接下来，我还想再展开谈一谈。

● 人的身体不止一种

正如这个世界上存在着数不胜数的物种，人类的身体也有着千差万别的类型。虽然下面这种分类稍显粗略，但我们可以从多个维度来描述这些差异。比如，"能清楚地看到远处物体的身体／不太能清楚地看到远处物体的身体""能清楚听见某些声音的身体／不容易听清某些声音的身体""对感官特别敏感的身体／相对迟钝的身体""记忆力强的身体／记忆力弱的身体""集中力高的身体／集中力低的身体""手巧的身体／不太灵活的身体"等。如果加以分类，种类将无比繁多。

也正因为身体如此多样，我们每个人的"体验"也未必相同。在与他人沟通时，我们常常站在"对方应该也有同样的体验"的假设之上来进行交流。但是，这一假设有时是不成立的。生物为了延续生命，会不断地朝着多样化的方向进化，因此"经历不同的体验"反而有可能提高生存概率，或提升种群延续的可能性。因此，我们和他人的体验多数情况下或许是不同的。

关于这一点，让我们来整理几个要点：

1）每个人天生的气质就不尽相同。

2）即使经历的是相同的事件，也未必看起来一样、听起来一样或感受一样。

3）因为每个人的经验和记忆不同，对事件的反应也各不相同。

4）面对各种内在和外在的刺激，自主神经会做出不同的反应。

我们身体的状态，本身就具有极其多样化的特征，而且还处在不断变化中。正因为如此，我们几乎不可能与他人处于"完全相同的状态"。"气质"×"经验与记忆"×"自主神经"（以及其他许多要素）……所有这些复杂因素交织在一起，形成了我们每个人独一无二的身体状况。

换言之，我真正想表达的是：我们的身体正在以一种超出自我控制的程度不断地变化着，而且这种持续性的变化甚至会超出我们自己的想象。

某些时候，身体会进入我们无法预测的各种状态。因此，与其说身体是我们的"所有物"，不如说它是一个无法用"所有权"去定义的存在。它难以控制、持续变化，从这个意义上来说，把身体和自我视为两个不同的存在或许更加适合。

我们和身体的关系就像"司机"与"汽车"

在将"我"和"身体"区分开来思考时，我们可以把两者比作"司机"和"汽车"。

要理解那些身体处于"红色状态"的人，可以尝试站在司机的角度去思考。此时，他开着一辆只要轻轻踩一下油门就会猛然加速的汽车，或者即使踩了刹车也很难立刻停下来的汽车。这样一来，对于那些因为失眠而困扰的人、因多动而让周围人头疼的孩子、容易烦躁发火的人、工作过度忙碌以致无法休息的人等，我们也许能更容易与他们产生共鸣。

而要理解身体处于"蓝色状态"的人，我们可以想象这位司机开着一辆稍微踩一下刹车就立刻停下来的汽车，或者即使使劲踩油门也很难提速的汽车。这样一来，对于那些白天也总是昏昏欲睡的人、注意力无法集中而发呆的孩子、容易陷入自暴自弃的人、抵触去上班或上学的人，我们也许就能更容易理解他们的处境。

同时，我希望那些被红色或蓝色的生理、心理反应所困扰的人，也能试着把"我"和"身体"区分开来。请试着去理解，也许问题并不在于"我本人"，而是身体的平衡出了问题，也许是身体正在发生着自己不太理解的生理性反射。

如果你正因焦躁或不安感到困扰，那也许并不是你的性格有问题，也不是你这个人本身有问题，而是你的身体平衡出现了波动，很可能是"红色神经"过度反应的结果，而不是你的错。

如果你正因为无力感或孤独感而情绪低落，那也并不是你

的性格有问题，更不是你这个人有缺陷，而是你的身体在发出信号，可能是你的"蓝色神经"的过敏性反应的表现，并不是你犯了什么错误。

如果你正在被心理疾病困扰，那也并不是因为你的人格或性格有瑕疵，更可能是身体的神经系统出现了紊乱，是由多种神经同时反射导致的结果。

如果你正因为发展障碍（神经发育症）而苦恼，也同样如此。问题不在于你是谁，而在于身体本身的平衡和神经系统的反应模式。

我相信，如果能拥有这样的思维模式，对于解决我们的烦恼和焦虑以及心理问题会有更大的帮助。

改变视角，看见变化

在这里，我们来对比两种不同的表述方法：一种是将问题归咎于本人的表述；另一组则是在理解身体失衡状态下的表述。

那个孩子有多动症，不安分，总喜欢乱跑乱动。

那个孩子跟他那不容易安定的身体在一起努力。

那个人对工作没热情，总是要人指挥才动。

那个人跟他很难主动、需要他人带动的身体在一起努力。

我的伴侣是个性格暴躁、易怒的人。

我的伴侣跟他容易自主升高脉搏和血压、不容易平静下来的身体在一起努力。

怎么样？通过对比，有没有产生新的感受？

如果一辆车因为某种故障无法顺利行驶，却被误认为是司机的问题，那个司机一定也会觉得无比委屈和无奈吧。同样，如果一个人因为身体的失衡，导致生活或沟通无法顺畅进行，却被贴上"性格有缺陷"的标签，那种感觉想必更加令人窒息。

除了"司机与汽车"的比喻，也有人用"骑手与马"的比喻来说明这种关系。也许"骑手与马"的比喻更直观，因为"马"本身也是生命体，而非冰冷的机器。

但无论是哪种比喻，其关键都在于，只要我们能接受将本人与身体区分来看的视角，就能避免对当事人的过度苛责。如此一来，我们的关注点就会逐渐从"如何改变这个人的性格"转向"如何调节身体状态""如何调整自主神经"以及"如何恢复身体的平衡"。

从这个意义上讲，了解并实践多种调节身体的方法，将会极大地拓展我们的生活广度。

本 章 小 结

- 关于调节身体的方法，不妨从神经矫正、矫正疗愈、原始反射调节、分子营养学等路径中汲取一些灵感与启发。

- 学会将"我"和"身体"区分来看，有助于我们跳出那种将自己或当事人过度问题化的负面循环。

- 每个人的身体状态本就各不相同，而且每天都在变化。即便经历了相同的事件，彼此的感受也未必相同。正因如此，我们更应珍视并细致观察当下每一刻身体所处的状态。

后　记

在此，衷心感谢每一位读者朋友。能够坚持阅读至本书末尾的你，想必已经熟悉了"多重迷走神经理论"，掌握了"多重语"的基础用法。那么现在，是时候将所学付诸实践了。请将这些知识分享给那些让你感到安心、值得信赖的亲朋好友们。

请一定去观察、去调节自己的身体和心理状态，这就像体育锻炼一样，是一种需要身体亲自体验、通过反复练习才能逐渐掌握的技能。正如运动技能不是通过读书就能学会的，调节神经系统的方法也需要在实践中逐步探索和完善。当然，过程中不要忘记了我们的核心理念：接纳蓝色和红色，活用绿色的力量。

在本书的写作过程中，我收获了很多的鼓励与支持。特别感谢日本实业出版社的细野淳先生，他一直给予我莫大的信任，总是鼓励我说："吉里先生，你讲解多重迷走神经理论的方式非常通俗易懂，应该把它介绍给更多人。"有您的支持，我真的倍感安心。

本书中介绍的"多重语"能得以问世，也多亏了我的心理治疗师伙伴四叶女士。她的持续支持就像"绿色神经"一样，让人感到温暖和有力。

我还要衷心感谢一直以来耐心指导我的津田真人老师（自然堂治疗室·咨询室），多亏了您的教导，我才得以写出本书。

此外，感谢我的导师山口修喜，他用轻松有趣的方式为我们讲解这个理论，让我受益良多。

还有一直教导我如何亲身感受"身心的奥秘与惊奇"的神经矫正专家吉岩久志老师。每次与他交流，我都能真实体验到三种神经的状态，这种体验让我受益良多。

感谢松岛真一老师，他用"让身体自然发展"这一理念，引导我顺利、愉快地理解和学习矫正疗愈。在与他共同度过的时光中，我真切地体会到不论年龄多大，神经系统都依然可以持续发展。

关于身体与发展，我也从灰谷孝先生那里学到了很多，包括带我参加"玩中学"的项目，今后我也期待能继续一边玩耍一边学习。

此外，感谢一直期待本书出版的 DMW 俱乐部的朋友们、"多重语研究会"的伙伴们，以及一直以来支持 DMW 公司的所有人。正因为有你们的陪伴与鼓励，我才能持续维系这份将多重迷走神经理念不断传递下去的动力。谢谢你们带来的满满的

"绿色能量"。

如果本书能让读者朋友们更加珍惜和喜欢自己的身体，更加相信身体的潜能，并对"多重语"产生兴趣，那将是我最大的喜悦和幸福。我们也会不定期地举办线上学习会，如果你对此感兴趣，欢迎随时联系，期待与你们的宝贵缘分。

再次衷心感谢你读到最后！

吉里恒昭

参考文献

四葉さわこ（2019）　　ポリヴェーガル理論イラスト画像＆動画セット
　　　　　　　　　　　合同会社リノバランス

四葉さわこ（2023）　　ポリヴェーガル理論でわかる困った時の自己調整
　　　　　　　　　　　合同会社リノバランス

津田真人（2019）　　　「ポリヴェーガル理論」を読む―からだ・こころ・
　　　　　　　　　　　社会―　星和書店

津田真人（2022）　　　ポリヴェーガル理論への誘い　星和書店

浅井咲子（2017）　　　「今ここ」神経系エクササイズ　「はるちゃんのお
　　　　　　　　　　　にぎり」を読むと、他人の批判が気にならなくな
　　　　　　　　　　　る　梨の木舎

浅井咲子（2021）　　　不安・イライラがスッと消え去る「安心のタネ」
　　　　　　　　　　　の育て方 ポリヴェーガル理論の第一人者が教える
　　　　　　　　　　　47のコツ　大和出版

伊藤二三郎（2022）　　ポリヴェーガル理論で実践するこども支援―今日
　　　　　　　　　　　から保護者・教師・養護教諭・ＳＣがとりくめる
　　　　　　　　　　　こと　遠見書房

梅村武史（2023）　　　成功するチームは「遊び」でつくる：新感覚チー
　　　　　　　　　　　ムビルディング　産業能率大学出版部

白井剛司（2024）　　　部下との対話が上手なマネジャーは観察から始め
　　　　　　　　　　　る　―ポリヴェーガル理論で知る心の距離の縮め
　　　　　　　　　　　方― 日本能率協会マネジメントセンター

中川れい子（2022）　　みんなのセルフタッチング　日貿出版社

今井一彰（2014）　　　あいうべ体操と口テープが病気を治す！　鼻呼吸
　　　　　　　　　　　なら薬はいらない　新潮社

東豊（2021）　　　　超かんたん 自分でできる 人生の流れを変える
　　　　　　　　　　　ちょっと不思議なサイコセラピー　遠見書房

東豊（2024）　　　　マンガで学ぶセルフ・カウンセリング　まわせＰ
　　　　　　　　　　　循環！　遠見書房

松島眞一（2023）　　療育整体　勝手に発達する体を育てよう　花風社

灰谷孝（2016）　　　人間脳を育てる　動きの発達＆原始反射の成長
　　　　　　　　　　　花風社

灰谷孝（2024）　　　いのちのめがね 眼鏡屋さんが明かすパフォーマン
　　　　　　　　　　　ス向上法　ＰＨＰ研究所

鈴木亮司（2023）　　「脱力」はなぜ体にいいのか　痛みと疲れを1分で
　　　　　　　　　　　とる体操　青春出版社

鈴木郁子（2023）　　自律神経の科学 「身体が整う」とはどういうこ
　　　　　　　　　　　とか　講談社

三木成夫（2013）　　内臓とこころ　河出書房新社

三木成夫（2013）　　生命とリズム　河出書房新社

堀田修（2020）　　　自律神経を整えたいなら上咽頭を鍛えなさい　世
　　　　　　　　　　　界文化社

神田橋條治（2019）　心身養生のコツ　岩崎学術出版社

神経整体Ｔ-group　　https://shinkei-seitai.com/

ステファン・Ｗ・ポージェス（花丘ちぐさ訳）（2018年）
　　　　　　　　　　　ポリヴェーガル理論入門 心身に変革をおこす「安
　　　　　　　　　　　全」と「絆」　春秋社

Ｋ・Ｌ・ケイン／Ｓ・Ｊ・テレール著（花丘ちぐさ／浅井咲子訳）（2019）
　　　　　　　　　　　レジリエンスを育む　―ポリヴェーガル理論によ
　　　　　　　　　　　る発達性トラウマの治癒　岩崎学術出版社

高山恵子ほか（2023）こころの安全・安心をはぐくむ不登校支援
　　　　　　　　　　　学事出版